COUDRE DES RUBANS

Plus de 20 projets traditionnels

DEENA BEVERLEY

COUDRE DES RUBANS

Plus de 20 projets traditionnels

Photographies de Tim Imrie

ARTS D'INTÉRIEURS

ARMAND COLIN

DMC

À Carole

Publié pour la première fois en Grande-Bretagne en 1997 sous le titre «Traditional Needle Arts : Ribboncraft» par Mitchell Beazley, un département de Reed Consumer Books Ltd, Michelin House, 81 Fulham Road, Londres SW3 6RB

Traduction-adaptation de Marie Pieroni

ISBN : 2-84229-025-9
Code éditeur : I00025

Dépôt légal : février 1997
1re édition

Stylisme et direction de la photographie : Deena Beverley
Photographies : Tim Imrie
Conception graphique : Meryl James
Illustrations : Kevin Hart
Gabarits : Kuo Kang Chen
Direction artistique : Gaye Allen
Imprimé et relié à Hong Kong
Produit par Mandarin Offset
Achevé d'imprimer en décembre 1996

Sommaire

Introduction

Depuis le Moyen Âge, on s'est servi de rubans pour embellir les vêtements et les tissus d'ameublement. Le mot ruban désigne tout simplement une « bande étroite de tissu ».

Comme il est indissociable de l'industrie textile, le marché du ruban a toujours été aléatoire et instable : tributaire des caprices de la mode, il a été plusieurs fois mis à mal à travers son histoire, aussi bien par les bouleversements sociaux et économiques que par les changements de goût du public. Les échecs rencontrés dans l'élevage des vers à soie, les guerres et les embargos économiques ont tour à tour ravagé ce secteur d'activité.

À la fin du XVIIe siècle, cependant, la demande de rubans devint forte car la bonne société désirait copier les rosettes en rubans, les ruchés et les somptueuses toilettes portés à la cour du roi de France. L'industrie du ruban se concentra en France, plus particulièrement à Lyon, Paris et Saint-Étienne, mais d'autres villes développèrent cette activité comme Bâle en Suisse, Vienne en Autriche, Krefeld en Allemagne ou Coventry en Angleterre.

Chaque centre de production avait sa spécialité mais il y eut peu à peu brassage des idées et des techniques. Saint-Étienne excellait dans le tissage jacquard de minutieux ouvrages comportant des fils d'or et d'argent. Il fallait plusieurs semaines pour installer les métiers nécessaires, ce qui engendrait des coûts extrêmement élevés. Malgré cela, la demande était importante et Saint-Étienne exportait dans le monde entier. À l'inverse, Bâle était spécialisée dans les rubans unis et en exportait vers Saint-Étienne.

En Angleterre, la production de rubans en soie débuta au XVIIe siècle lorsque les tisserands huguenots fuirent la France.

À DROITE : Sur cet ancien ouvrage religieux, le rendu très réaliste des chrysanthèmes, travaillés avec des rubans de soie aux teintes dégradées, montre bien toute la force d'évocation de la broderie de rubans.

Coventry devint le centre de l'industrie britannique du ruban, et il fut une époque où cette activité suffisait à employer le quart de sa population. Initialement, les rubans étaient surtout fabriqués par des travailleurs à domicile, mais avec l'avènement de la vapeur, la production en usine devint progressivement la règle.

Ci-dessus : Au début du XIXe siècle, la broderie avec des rubans était encore largement confinée aux objets utilitaires comme les carnets à aiguilles.

Le métier jacquard, utilisé en France à partir de 1801, révolutionna les procédés de tissage. Capable de produire des motifs très détaillés, son usage se généralisa peu à peu dans tous les pays et permit de développer de nouvelles applications. En reproduisant des dessins en noir et blanc en soie tissée, on fabriquait des images-souvenirs vendues à l'occasion d'expositions ou de grands événements.

Mais on utilisait toujours les rubans sur les vêtements plutôt que pour la décoration intérieure. Cette situation n'était pas propre à l'Europe. En Amérique du Nord, quand les rubans de soie arrivèrent d'Europe vers 1800, aiguilles, ciseaux et fils servaient encore souvent de monnaie d'échange avec les Indiens.

Les Indiens d'Amérique des régions boisées et des plaines de l'Est ne s'intéressaient pas aux volants extravagants et aux ruchés appréciés ailleurs. Ils préféraient les couleurs franches et vives aux délicates teintes pastel prisées en Europe. Ils découpaient dans un ruban des formes géométriques qu'ils appliquaient sur un ruban de couleur contrastée. Les bandes ainsi confectionnées étaient assemblées en panneaux destinés à être cousus sur les jupes, les robes, les culottes de peau et les mocassins.

À cette époque, la broderie avec des rubans de soie, généralement confinée aux petits objets utilitaires comme les pelotes à épingles et les carnets à aiguilles, était connue sous le nom de « broderie de Chine ». On brodait avec des rubans de Chine étroits (de 1,5 mm au maximum) à la place de fil. Les rubans, unis ou légèrement colorés, étaient associés à des broderies en chenille et en soie ; on obtenait des ouvrages merveilleusement lumineux. Ces rubans étaient aussi cousus sur la lingerie, sur les robes d'enfant, et on les utilisait comme marque-pages. À la fin des années 1880, la broderie de Chine, après avoir connu un déclin d'intérêt, vécut une renaissance sous le nom de « broderie rococo ». Les motifs d'inspiration française étaient très répandus, tout particulièrement les petits bouquets de fleurs, disposés dans un panier ou liés par une rosette.

L'engouement pour la broderie rococo grandit et l'on se mit à décorer toutes sortes d'accessoires comme les tapis, les napperons, les cadres, les sacs en tissu et les écrans de cheminée. Cet art devint populaire dans le monde entier, au point que des sociétés de vente par correspondance se développèrent pour répondre à la demande des passionnés. Des rubans spéciaux furent mis sur le marché, comme le picot. Ainsi que son nom le suggère, ce ruban, large de 15 mm, avait une lisière dentelée en pointes. En fronçant l'autre lisière, on pouvait confectionner des œillets ou des roses très réalistes, que l'on cousait alors au tissu à petits points. Le crêpe, un autre ruban très populaire à la surface finement froissée, était idéal pour créer des coquelicots. Les fleurs en ruban étaient parfois fabriquées ainsi, séparément, mais on pouvait aussi les broder directement

CI-DESSUS : Cette splendide cantonnière, avec ses riches finitions dorées, est un parfait exemple du travail rococo.

sur le vêtement, point par point. Les deux procédés étaient souvent combinés sur un même ouvrage, comme cela se fait toujours dans les réalisations contemporaines.

La diversité et le raffinement des ouvrages rococo sont tout à fait surprenants. La seule difficulté que j'aie rencontrée dans l'élaboration de ce livre fut bien de devoir faire un choix. À tous les niveaux d'habileté, j'ai trouvé des modèles absolument irrésistibles : de la grande maladresse des réalisations de débutants, à la richesse stupéfiante des ouvrages les plus complexes. Le motif de chrysanthèmes du repose-tête de la page 78 est un magnifique exemple d'effets obtenus en combinant jeux de relief et dispositions délicates du ruban sur le tissu, le tout pour un rendu très réaliste. Le prix et le luxe des rubans de soie, souvent mêlés à des fils d'or ou d'argent purs, les ont longtemps voués aux objets royaux ou sacerdotaux. La qualité du travail sur les pièces à vocation religieuse est irréprochable ; on pense à la maxime de Shaker : « Les mains pour le travail, le cœur pour Dieu ».

CI-DESSUS : Les fils dorés et les rubans de soie de ce repose-tête, qui faisait originellement partie d'un vêtement sacerdotal, est exemplaire quant à l'excellence de la qualité des ouvrages en broderie rococo.

Il existe une différence certaine entre ces ouvrages complexes, qui mettent en jeu des rubans très étroits, travaillés très finement, et ceux réalisés avec des rubans plus larges, brodés au moyen de points simples, et produisant des résultats tangibles plus rapidement. Les deux modes ont leur charme, et la simplicité de certains ouvrages m'a fortement encouragée lors de mes premières incursions hésitantes dans le monde de la broderie rococo. Même une brodeuse inexpérimentée peut obtenir, presque instantanément, des résultats spectaculaires, sans qu'il y ait eu réelle difficulté.

Ce livre présente de nombreux modèles datant de l'époque victorienne, durant laquelle les rubans étaient utilisés de toutes sortes d'ingénieuses manières pour créer des objets utilitaires et décoratifs. En Angleterre, les couvertures en patchwork étaient faites des chutes de rubans récupérées chez les tisserands. On les confectionnait selon le motif traditionnel américain *log cabin*, avec de larges rubans à chapeau. Les dames de cette époque poussaient leur désir de créativité jusqu'à peindre les rubans. Elles les brodaient d'abord en place, puis les coloraient délicatement, à l'aquarelle ou à l'huile, pour créer des jeux d'ombres.

À travers l'histoire, les rubans de soie ont été utilisés pour embellir les objets de la vie quotidienne, comme ceux destinés aux grandes occasions. De nos jours, les rubans synthétiques sont bon marché et plus répandus que ceux de soie, bien que l'on puisse trouver ceux-ci dans certains magasins spécialisés. On peut obtenir des résultats spectaculaires avec les matières modernes. Les rubans de satin permettent de sculpter des guirlandes et des nœuds étonnants, qui tiendront à l'usage. Une simple rosette en ruban de satin, généreusement nouée puis torsadée, apporte une finition professionnelle à un bouquet ou à une composition de fleurs séchées. Un peu de ruban de satin tressé dans une couronne de houx ou de lierre, puis noué en rosette, donne du style à une porte d'entrée, au moment des fêtes de Noël.

CI-DESSUS : Que ce soit en organza diaphane ou en satin brillant et résistant, les roses en ruban gardent leur forme en beauté, et ont été utilisées depuis des siècles pour tout décorer, des chapeaux aux rideaux.

Les rubans permettent d'embellir toute la maison en dépensant un minimum de temps et d'effort. Cela est appréciable à une époque où les contraintes de la vie moderne menacent souvent d'étouffer les plaisirs simples de la vie. Le marché a rapidement exploité ce regain d'intérêt pour la broderie avec des rubans. Des nouveautés en matière de techniques et de matières sont constamment proposées et diffusées par les boutiques spécialisées, les livres, les sociétés de vente par correspondance et les écoles. La plupart des merceries proposent un large assortiment de rubans étroits.

Pendant que je réalisais ce livre, j'ai eu la grande chance d'avoir entre les mains et de pouvoir examiner quelques splendides ouvrages en rubans. Mon imagination s'est enflammée à l'idée de nouvelles applications pour ces délicieuses «bandes étroites de tissu». J'espère qu'un peu de cet enthousiasme, inspiré par des générations d'artisans, enrichira votre pratique personnelle des travaux d'aiguille.

Col. 8

Avant de commencer

Les modèles présentés dans ce livre sont tous inspirés d'ouvrages en rubans traditionnels, de différentes disciplines. Il y a des réalisations pour tous les niveaux d'habileté, faisant appel à des techniques diverses, allant de la broderie avec des rubans au patchwork de rubans. Chaque ouvrage a été soigneusement étudié, tant sur le plan de l'exactitude historique que pour son adaptation aux matières modernes et aux techniques appropriées.

Il est important de bien lire ce chapitre, particulièrement si vous débutez. Une connaissance approfondie des techniques de base garantit des résultats toujours satisfaisants.

Vous trouverez également les explications illustrées de tous les points et techniques nécessaires à la réalisation des ouvrages de ce livre.

LE MATÉRIEL DE BASE

La réalisation de chacun des ouvrages nécessite la panoplie de fournitures et de matériel habituelle aux travaux d'aiguille.

Le bon choix des articles marqués d'un astérisque* est décisif pour le succès de l'ouvrage.

Ce qui est nécessaire

- Des rubans*
- Du tissu*
- Du fil*
- Un tambour à broder ou un cadre (facultatif)*
- Des craies ou des crayons de tailleur
- Des ciseaux à broder
- Une bonne source d'éclairage (lumière naturelle ou ampoule «lumière du jour»)
- Des mains propres et sèches
- Des cartons et des bobines pour ranger les rubans**
- Du papier carbone de tailleur
- Du papier-calque

**Enroulez les rubans de soie étroits sur des petits rouleaux en carton (des cartes de visite, par exemple). Fixez les rouleaux avec du ruban adhésif, et faites une entaille pour y coincer l'extrémité du ruban. N'enroulez pas les rubans sur du carton plat car cela les marquerait, particulièrement ceux de soie.

Les rubans

Vous aurez le choix parmi un incroyable assortiment de textures, de largeurs, de couleurs et de motifs. On peut classer les rubans en deux catégories : les rubans finis et les rubans artisanaux. Les rubans finis sont spécialement tissés dans des largeurs déterminées. En général, ils conviennent aux travaux susceptibles d'être nettoyés, mais il est toujours préférable de vérifier les conseils d'entretien sur l'emballage.

Les rubans artisanaux sont de simples bandes de tissu découpées, puis traitées avec un apprêt spécial qui évite qu'elles ne s'effilochent. Cet apprêt part au lavage. Ces rubans sont rarement adaptés aux ouvrages brodés, comme ceux de ce livre ; aussi vérifiez bien, avant de les acheter, que les rubans choisis ont deux lisières tissées.

Les rubans à lisière armée sont à présent largement disponibles. Parfaits pour façonner des nœuds, ils sont toutefois réservés aux ouvrages d'exposition puisque la plupart ne sont pas lavables. Sur certains, il est possible de retirer le fil métallique des lisières, comme pour le panier de la page 99, afin d'obtenir un effet plus doux et moins voyant.

Les aiguilles

Le choix de la bonne aiguille est un facteur essentiel pour la réussite d'une broderie de rubans. L'aiguille doit faire un trou suffisamment large dans le tissu pour que le ruban puisse facilement y passer et se déployer. Lorsque vous utiliserez pour la première fois la bonne taille d'aiguille, vous serez probablement effrayée de l'importance du trou fait dans le tissu, mais le ruban, en se déployant, le recouvrira entièrement. Si le ruban ne se déploie pas bien sur le tissu, essayez une aiguille plus grosse.

Pour du ruban de soie en 4 mm de largeur, les aiguilles à broder conviennent à la plupart des tissus. Un assortiment d'aiguilles de taille 1 à 5 sera adapté à de nombreux ouvrages. Le chas de l'aiguille doit être assez grand pour que le ruban soit parfaitement plat quand on l'enfile. Un assortiment d'aiguilles chenille, taille 18 à 24, conviendra pour les rubans en 7 mm de largeur. Pour enfiler le ruban dans des œillets ou pour l'enrouler autour de points précédemment brodés, utilisez une aiguille à tapisserie à bout rond. Pour la confection des ouvrages, il vous faudra des aiguilles à coudre, de taille moyenne.

Les fils

Pour coudre les ouvrages en rubans, on utilise de nombreuses sortes de fils, parmi lesquels les fils de coton et les fils synthétiques. Pour la plupart des réalisations de ce livre, il est préconisé d'utiliser du fil de coton, comme sur les ouvrages anciens, avant l'avènement des fibres synthétiques. En règle générale, choisissez un fil assorti à la plus grande partie de l'ouvrage et qui résistera au temps. Le fil doit être fin et solide, mais pas trop épais, afin de ne pas cisailler, au fil des utilisations et des nettoyages successifs, les fibres délicates, comme celles des rubans de soie.

Avec les rubans synthétiques, on peut utiliser des fils du même type. Les fils synthétiques peuvent aussi être employés avec des rubans de soie, mais comme cette association ne se pratique pas depuis longtemps, il n'est pas certain qu'elle résiste au temps.

Le Mouliné Spécial DMC, les fils métallisés DMC, et le Coton Perlé DMC sont préconisés tout au long de ce livre, afin d'obtenir des ouvrages aussi fidèles que possible aux originaux.

Les tambours à broder

La plupart des gens trouvent plus facile de travailler régulièrement sur un tissu fermement maintenu. C'est encore plus vrai quand les rubans doivent être tendus sur l'étoffe. Veillez à ce que le tambour ne marque pas le tissu, surtout le velours. Un petit cadre en plastique (8 ou 9 cm de diamètre) convient à la plupart des ouvrages. Si vous utilisez un tambour en bois, enveloppez-le au préalable dans une bande de tissu de façon qu'il n'accroche pas l'ouvrage.

LES TISSUS

On peut utiliser à peu près toutes les matières, mais les ouvrages de ce livre ont été réalisés avec des étoffes naturelles comme le calicot, la soie, le coton ou le lin. La plupart de ces réalisations datent de la moitié du XIXe siècle, époque où la soie était largement utilisée pour les travaux en rubans. Comme support à une broderie en rubans de soie, choisissez le tissu en fonction de la destination de l'ouvrage. Par exemple, la nappe brodée de rubans a été coupée dans du lin, tissu qui résiste à de fréquents lavages ; mais la délicate broderie des embauchoirs, pour lesquels aucun entretien régulier n'est nécessaire, a été réalisée sur un coupon de soie précieuse de Géorgie.

Souvenez-vous que les matières sélectionnées dicteront la température de lavage, qui sera déterminée par la fibre la plus fragile ; par exemple, il n'est pas possible de broder des rubans de soie sur une serviette de toilette qui doit être lavée à des températures plus hautes et avec des lessives plus fortes que ce que les rubans pourraient supporter.

Les broderies de rubans sont plus réussies quand on les réalise sur un tissu à trame régulière, ni trop lâche ni trop dense. La plupart des tissus pour la confection conviennent, y compris les étoffes synthétiques, le velours, le voile et la plupart des tissus naturels. Si vous travaillez sur un tissu extensible, doublez-le avec un tissu à trame serrée, comme l'organza, et tendez-le sur un tambour à broder de façon que les points soient réguliers.

Certaines personnes préfèrent entoiler le tissu avec de la triplure thermocollante mince. Ce procédé a plusieurs avantages. Le tissu reste lisse et facile à assembler ; les extrémités des rubans arrêtés sur l'envers ne sont pas visibles sur l'endroit (ce qui est particulièrement important pour les tissus très fins, comme le voile), et le tambour à broder laisse moins de traces. Si vous brodez avec des rubans de velours, choisissez un tissu légèrement plus lâche que d'habitude (par exemple du lin, du coton ou de la laine). Si aucun tissu ne pouvait être brodé, disposez le ruban de velours et cousez-le à petits points (broderie couchée).

LES RUBANS

On utilise de nombreuses fibres pour créer une multitude de rubans de textures différentes, des organdis diaphanes aux somptueux velours.

Les rubans de satin existent avec une ou deux faces brillantes. Leurs reflets profonds ont un chic irrésistible, même utilisés simplement et en petite quantité.

Le gros-grain, traditionnellement utilisé en chapellerie, a un tissage résistant, dense et strié. Costaud et inusable, il a servi à envelopper la poignée du panier orné de roses en ruban de la page 94, parce qu'il supportera des années de manipulations ! Son aspect particulier crée un contraste sophistiqué avec la féminité de la soie et de la dentelle.

Les rubans de velours n'ont ordinairement qu'une face soyeuse, mais il arrive que l'on en trouve à deux faces. Traité pour ne pas s'effilocher, leur luxueux tissage permet de créer des fleurs réalistes, comme sur le range-chemise de nuit de la page 58.

Les rubans d'organdi, traditionnellement en soie, sont le plus souvent, à présent, d'origine synthétique. Fins et transparents, on les utilise surtout pour confectionner des fleurs et des applications délicates et romantiques, comme les roses du panier en soie et en dentelle de la page 94.

Les rubans jacquard doivent leur nom à Joseph-Marie Jacquard, inventeur d'un métier à tisser qui révolutionna l'industrie du ruban à la fin du XVIIIe siècle. Ce métier peut fabriquer des tissages complexes comme le ruban garance utilisé pour border l'une des couvertures de la page 52.

Les rubans de soie sont idéaux pour la broderie, surtout si vous souhaitez tendre vers l'authenticité des ouvrages anciens de ce livre. Les rubans dégradés (colorés dans le sens de la largeur, du plus clair au plus sombre) valent la peine que l'on a à les trouver, car ils donnent une merveilleuse qualité à l'ouvrage. Si vous ne pouvez pas vous en procurer, essayez d'obtenir le même résultat en suivant les instructions de teinture et de de peinture de ce chapitre. Bien que l'on trouve à présent des rubans synthétiques, ceux-ci n'ont pas assez de tenue pour créer ces fleurs d'un naturalisme convaincant, typique des ouvrages en rubans du XIXe siècle. Cependant, cette caractéristique devient parfois commode, par exemple pour faire un tissage de rubans, comme sur l'oreiller blanc de la page 64.

Les simples rubans de coton font eux aussi beaucoup d'effet, plissés ou froncés, en galons décoratifs ou en motifs floraux, comme sur la garniture des rideaux et des embrasses de la page 22.

La ganse de laine est résistante, son toucher est généreux et rassurant. C'est une manière sympathique d'égayer les ouvrages utilitaires tout en les renforçant.

Les technologies avancées introduisent constamment sur le marché des rubans aux compositions et aux textures nouvelles. Avec ces matières créatives, vous pouvez complètement renouveler le style des ouvrages de ce livre. Les velours froissés, les taffetas lumineux, les rubans jacquard à bordure picot ne sont que quelques-unes des tentations exposées dans les magasins.

BRODER AVEC DES RUBANS

Accordez une attention particulière au choix de l'aiguille et à sa taille. Si vous utilisez une aiguille trop petite, le ruban s'effilochera car il sera trop serré dans les trous du tissu, même en faisant de petits points fins. Lisez le paragraphe concernant les aiguilles pour plus d'informations.

COMMENCER ET ARRÊTER

Pour enfiler. Pour broder, utilisez uniquement de courtes aiguillées de ruban (30 cm). De trop longues aiguillées s'abîment à l'usage et ne sont pas commodes à manipuler. Enfilez le ruban dans le chas de l'aiguille, puis piquez le bout de celle-ci au milieu de la largeur du ruban, à 6 mm de l'extrémité enfilée. Tirez l'autre extrémité jusqu'à ce que le ruban soit coincé sur l'aiguille (voir le croquis de la page 17).

Pour commencer à broder. Pliez l'extrémité du ruban sur elle-même, et piquez dans ce pli avec le bout de l'aiguille. Tirez le ruban à travers le pli, en faisant une boucle. Vous obtenez un nœud souple qui restera sur l'envers du travail.

Pour arrêter. Amenez le ruban sur l'envers du travail, placez-le en travers d'un point voisin, et piquez-les deux fois ensemble. Coupez le ruban à ras de ce double nœud. Si vous hésitez à faire un nœud sur l'envers du travail, ou si vous travaillez avec des rubans synthétiques que l'on ne peut pas attacher solidement de cette façon, laissez dépasser un bout de ruban de 1,5 cm sur l'envers, et cousez-le à petits points arrière. Vous pouvez aussi tisser l'extrémité du ruban dans les points précédemment exécutés, sur l'envers du travail. Si vous devez repasser votre ouvrage, faites-le très légèrement, sur l'envers, en le plaçant sur un molleton (par exemple, du tissu de coton enroulé autour d'une serviette de toilette pliée).

LA BONNE TENSION

Pour empêcher le ruban de s'enrouler pendant que vous brodez, maintenez-le à plat sous votre pouce gauche quand vous piquez l'aiguille pour l'amener sur l'envers du travail. Tant que vous n'enlèverez pas votre pouce, le ruban restera bien à plat, formant souplement la boucle du point. Quand vous tirez le ruban à travers le tissu, guidez-le doucement et laissez-le trouver son mouvement propre. Pour obtenir un résultat satisfaisant, le ruban doit pouvoir se déployer librement de toute sa largeur sur l'endroit du tissu.

COLORER LES RUBANS

Depuis l'époque victorienne, les rubans ont été teints et peints à la maison pour obtenir des nuances semblables à celles des vraies fleurs.

Actuellement, certains rubans subissent en usine un traitement qui empêche les teintures domestiques d'y adhérer. Même des peintures à l'huile naturelle dans des mains propres peuvent alors compromettre le résultat. Aussi, avant de colorer les rubans, utilisez une solution de décatissage. Dans un bol, mélangez deux gouttes de liquide à vaisselle avec deux tasses d'eau tiède. Trempez les rubans quelques secondes dans cette solution puis essorez-les.

De nombreuses sortes de teintures sont disponibles, y compris des peintures prêtes à l'emploi (dans les magasins de beaux-arts ou de travaux manuels) et des feutres pour tissu. On peut colorer les rubans avant de commencer l'ouvrage, ou bien quand celui-ci est terminé. La première méthode évite de gâcher un ouvrage précieux par méconnaissance des techniques de coloration. De plus, la teinture prend mieux quand les rubans sont encore humides de la solution de décatissage. Protégez le plan de travail, et peignez les rubans, en laissant la couleur se diffuser pour obtenir un dégradé subtil, ou en l'appliquant uniformément.

APPRÊTER LES RUBANS

L'apprêt empêche les extrémités coupées des rubans de s'effilocher et donne de la tenue à ceux-ci. Si vous souhaitez à la fois colorer et apprêter vos rubans, il est recommandé d'attendre que la teinture soit parfaitement sèche avant de passer l'apprêt. On peut apprêter les tissus avec de l'amidon ou de la colle à papier peint. Je vous conseille toutefois d'acheter un amidon destiné à cet usage précis. En règle générale, l'amidon doit être uniformément appliqué sur l'envers des rubans, et on doit attendre qu'il soit sec pour couper ces derniers. On peut aussi déposer un peu d'apprêt sur les bords coupés des rubans, à l'aide d'une petite pique en bois.

LE TRANSFERT DU MOTIF

Un patron est fourni pour certains ouvrages. Quand les patrons et les diagrammes sont à la taille réelle, vous pouvez les recopier directement ; lorsqu'ils ont été réduits pour s'adapter au format du livre, il vous faudra les agrandir au photocopieur.

Avant d'y transférer un dessin, repassez toujours le tissu pour qu'il soit bien lisse. Le plus rapide est d'utiliser du papier carbone de tailleur. Reportez le dessin sur du papier-calque. Découpez un morceau de tissu légèrement plus grand que le dessin et repassez-le bien. Tracez une ligne horizontale et une ligne verticale pour repérer le centre du calque ; faites de même sur le tissu avec du fil à bâtir. Disposez le tissu sur une surface plane, l'endroit vers vous, puis placez le papier carbone par-dessus, la face brillante contre le tissu. Épinglez le papier-calque sur l'ensemble, en faisant correspondre les repères. Repassez les contours du dessin au crayon ou au stylo à bille. Ôtez délicatement les deux papiers. Vous broderez en veillant à ce que les points recouvrent bien les traits de façon que ceux-ci ne soient plus visibles sur l'ouvrage terminé.

Il n'est pas possible d'utiliser du papier carbone sur certains tissus, comme le velours, et il faut alors avoir recours à un autre procédé, celui du tracé à points avant. Reportez le dessin sur du papier-calque. Découpez un morceau de tissu légèrement plus grand que le dessin et repassez-le bien. Tracez une ligne horizontale et une ligne verticale pour repérer le centre du calque ; faites de même sur le tissu avec du fil à bâtir. Placez le papier sur l'endroit du tissu, en faisant correspondre les repères, et épinglez l'ensemble. Avec du fil à coudre d'une couleur qui sera bien visible sur le tissu, faites des points avant sur tout le contour du dessin, en piquant à travers le papier et le tissu. Faites quelques points arrière au début et à la fin de chaque aiguillée. Quand le dessin est entièrement tracé, placez l'ouvrage à plat, et arrachez le papier-calque. Vous ôterez les fils au fur et à mesure de l'avancement de la broderie.

POINTS ET TECHNIQUES

Blocage du ruban

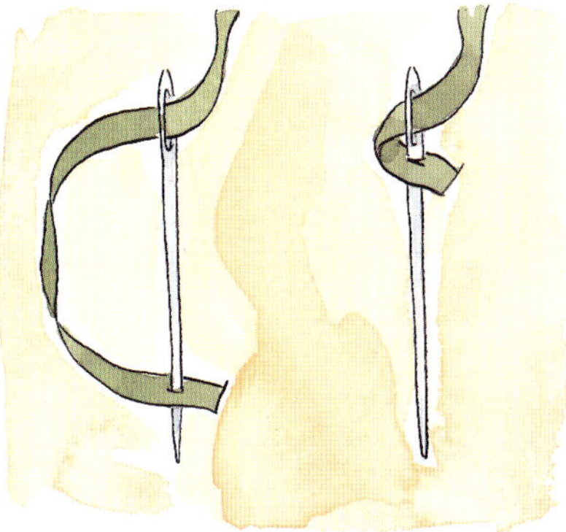

Le point de boutonnière

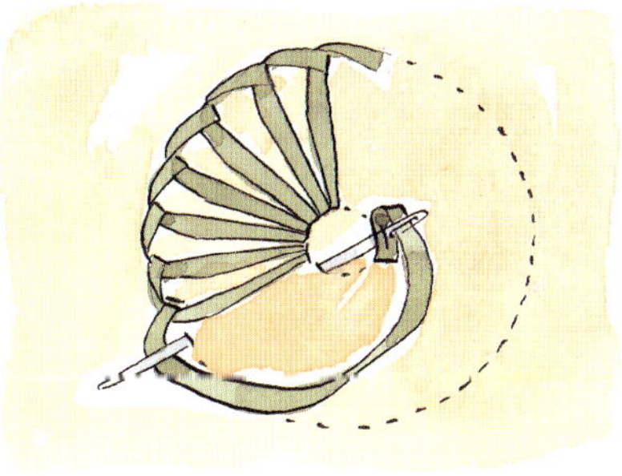

Le point de boutonnière se travaille de la même manière que le point de feston (page 18), mais en faisant des points très rapprochés les uns des autres, ce qui donne une bordure nettement dessinée. On peut aussi travailler le point de boutonnière en rond, de façon à former des cercles qui ressemblent à des fleurs.

Œillets au point de boutonnière

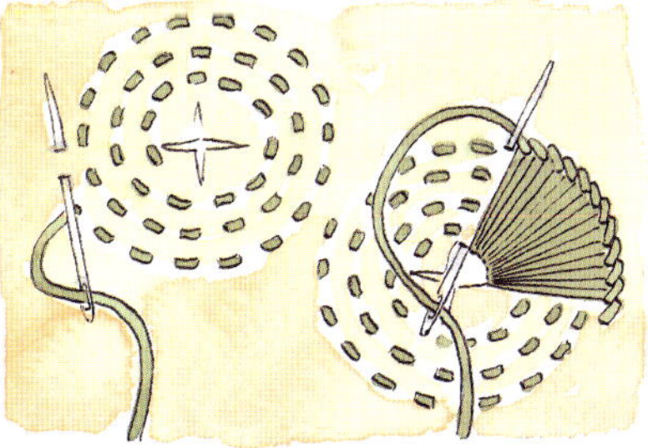

On réalise un œillet en découpant un petit trou dans le tissu et en l'entourant au point de boutonnière. Afin de renforcer le tissu, brodez au préalable des cercles concentriques au point avant. On peut recouvrir de petits anneaux de plastique ou de métal au point de boutonnière.

Le point d'épine

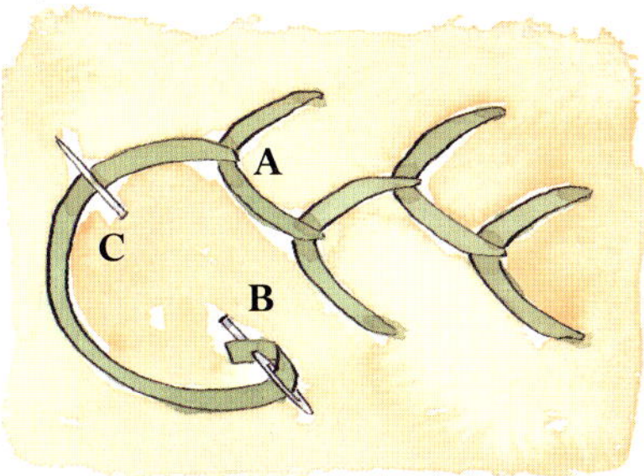

Amenez l'aiguille sur l'endroit du tissu, en A. Piquez-la en B, puis ressortez-la en C, tout en maintenant le fil à broder ou le ruban dessous. Continuez de la même façon, en brodant alternativement de part et d'autre de la ligne centrale.

Le point de nœud

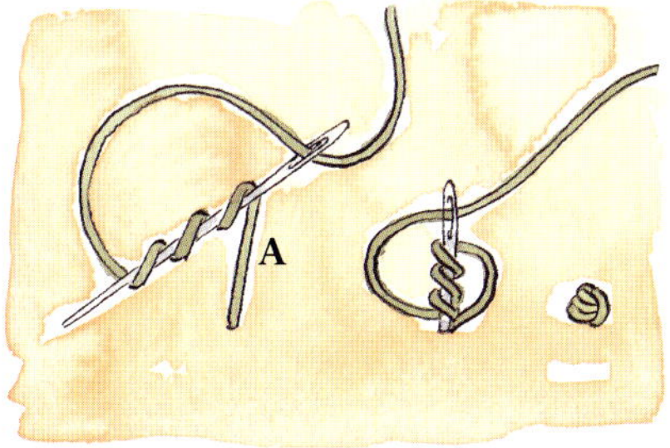

Très utile pour broder les étamines des fleurs. Sortez l'aiguille sur l'endroit du tissu, en A. Enroulez deux fois le fil à broder ou le ruban autour de l'aiguille, puis repiquez en A. Pendant toute l'opération, maintenez tendu le fil à broder ou le ruban.

Le passé plat empiétant

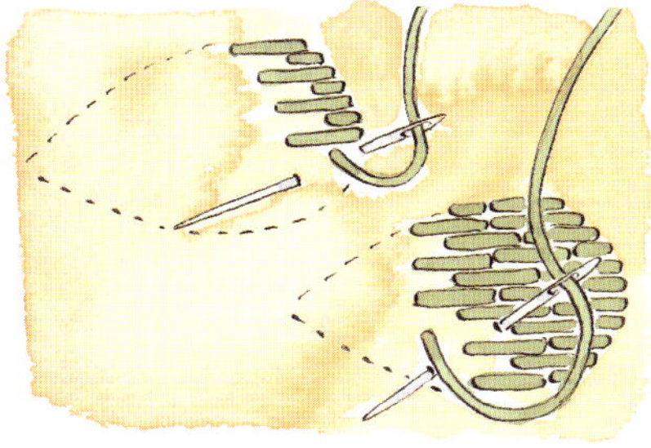

C'est un point de remplissage, semblable au passé plat (page 18), mais avec des points de longueur variable, ce qui donne une texture plus vivante, comme sur la rosette de la cantonnière (page 28). Brodez des points lancés très rapprochés les uns des autres. À la première rangée, alternez points courts et points longs de façon que les points des rangées suivantes soient toujours de la même longueur. Remplissez tout le motif.

Le point de surjet

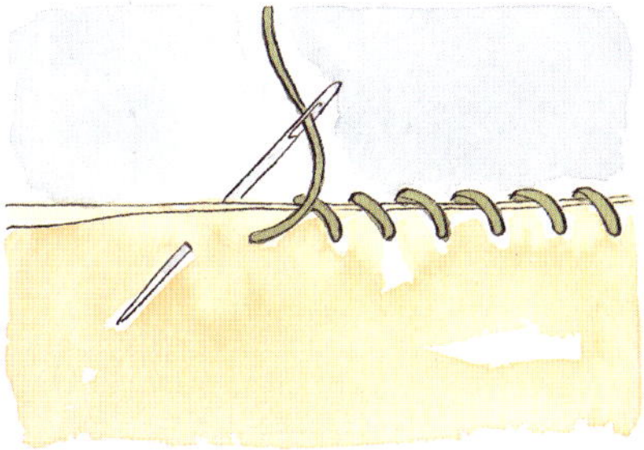

Il s'agit d'une technique fréquemment utilisée pour assembler deux morceaux de tissu. Maintenez les deux pièces de tissu l'une contre l'autre, bord à bord, envers contre envers. Faites de petits points réguliers à cheval sur les bords, de droite à gauche. Ce point est aussi utilisé de manière décorative, avec du ruban ou du fil à broder. Il est employé dans de nombreux ouvrages de ce livre, par exemple pour le dessus de chaise tressé de la page 84.

Le passé plat

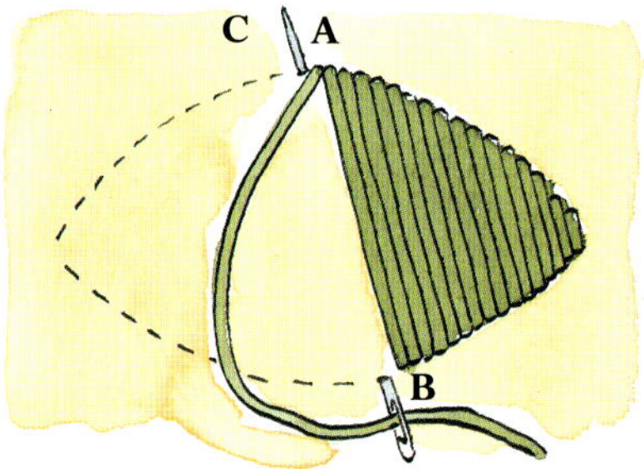

Il est composé de grands points très rapprochés les uns des autres, allant d'un bout à l'autre d'un motif. Sortez l'aiguille sur l'endroit du tissu, en A. Piquez-la en B, puis ressortez-la sur l'endroit en C, aussi près que possible du point A. Continuez ainsi pour remplir tout le motif.

Le point couché

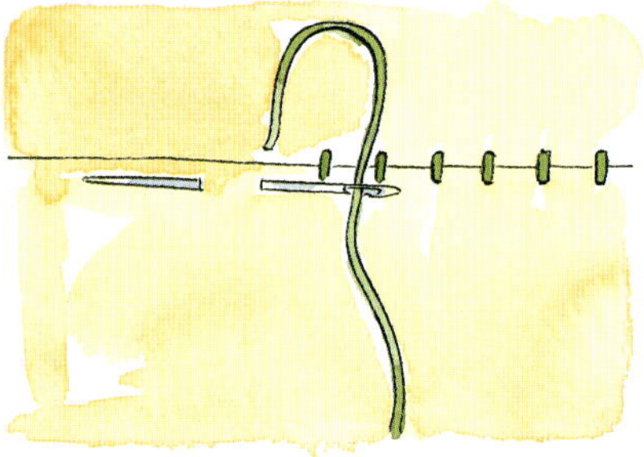

Pour obtenir un ourlet qui soit vraiment invisible sur l'endroit du tissu, procédez de la manière suivante.
D'abord, repliez le tissu deux fois sur lui-même et glissez l'aiguille dans le pli.
Faites ressortir l'aiguille sur le tissu plié, puis piquez dans le tissu principal en ne prenant qu'un fil.
Continuez ainsi, en faisant des points espacés de 3 à 6 mm.
Il ne s'agit pas d'un point particulièrement solide, mais sa discrétion en fait le point d'ourlet le plus populaire.

Le point de tige

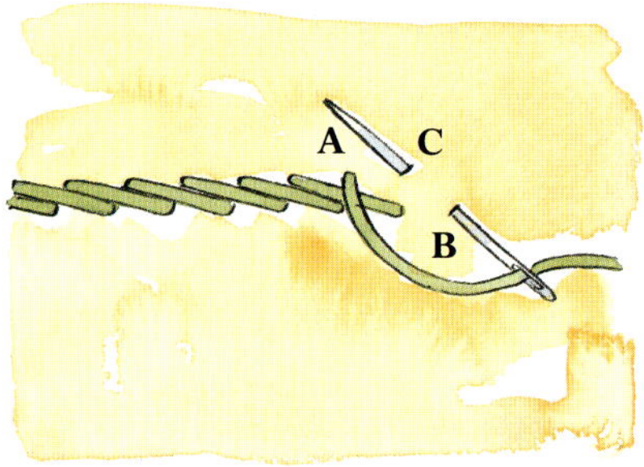

Idéal pour les contours et les lignes courbes. On le travaille comme le point arrière, mais les points sont juxtaposés et placés en diagonale, ce qui donne un effet de tresse. Amenez l'aiguille sur l'endroit du tissu, en A. Piquez-la en B, puis ressortez-la en C, à une demi-longueur de point. Continuez ainsi en conservant le fil toujours du même côté de l'aiguille.

Le point de feston

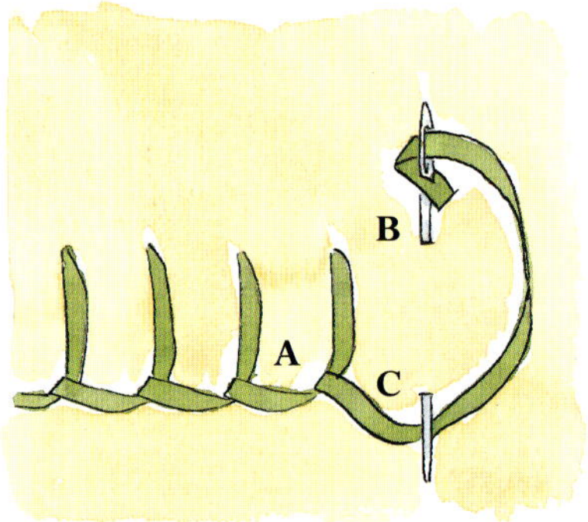

Ce point, souvent employé pour surfiler des bords (en particulier ceux des couvertures), ressemble au point de boutonnière.
Amenez l'aiguille sur l'endroit, en A. En suivant le croquis ci-dessus, piquez l'aiguille en B puis ressortez-la en C, bien droite, tout en maintenant le fil ou le ruban sous elle. Pour obtenir un motif décoratif, on peut broder des points de hauteur différente.

Le point de poste

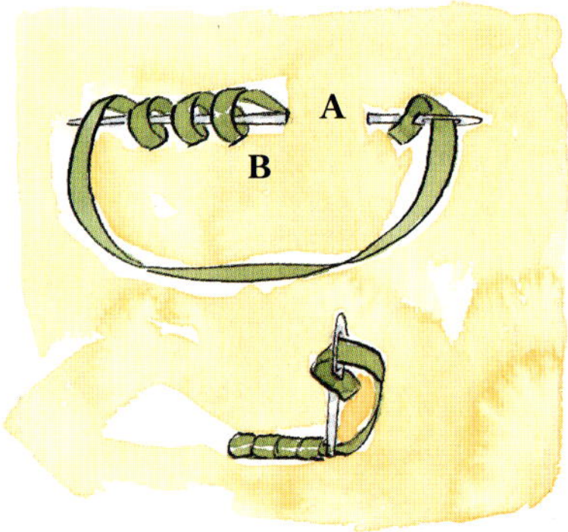

Il est semblable au point de nœud, mais il génère un point plus gros, idéal pour broder les cœurs des fleurs, les petites feuilles, les épis, etc. Amenez l'aiguille sur l'endroit du tissu, en A. Faites un point arrière, de B en A, en laissant l'aiguille dans le tissu, comme indiqué sur le croquis. Enroulez trois ou quatre fois le ruban à plat autour de l'aiguille. Tirez l'aiguille hors du tissu, tout en maintenant fermement d'une main le ruban enroulé.

Le point arrière

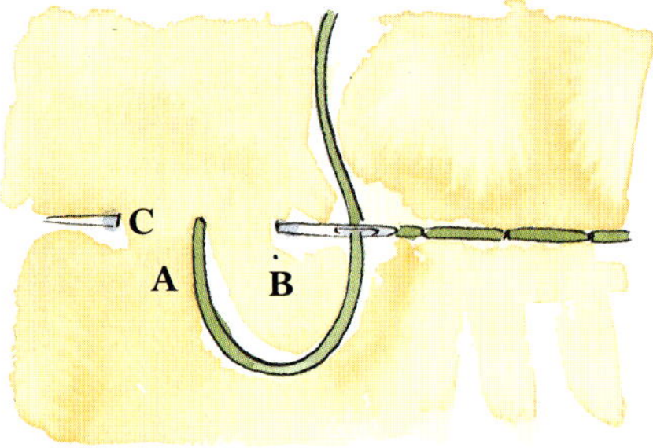

Il est utilisé pour dessiner des contours ou pour servir de base à des points décoratifs. Amenez l'aiguille sur l'endroit du tissu, en A. Piquez-la en B, puis ressortez-la en C. Repiquez en A. Faites un nouveau point de longueur égale, au-delà du point C.
Continuez de la même façon.

Le point de bouclette

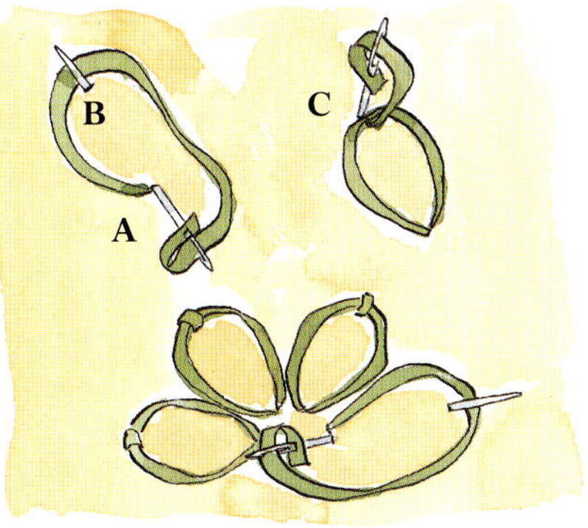

Amenez l'aiguille sur l'endroit, en A. Piquez tout près de A, puis ressortez en B. Faites une boucle avec le ruban bien à plat, et glissez-le sous l'aiguille. Maintenez la boucle avec le pouce pendant que vous tirez l'aiguille. Piquez en C pour fixer le point. Le point de chaînette est une ligne continue de points de bouclette.

Le point de pistil

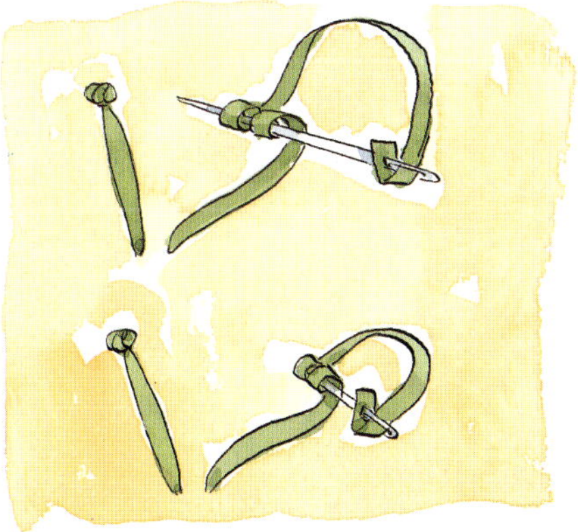

Avec du fil à broder ou du ruban, c'est tout simplement un point de nœud prolongé par un grand point lancé en forme de tige. Faites un point de nœud ordinaire mais, au lieu de repiquer l'aiguille tout près du nœud, piquez-la suffisamment loin de celui-ci pour obtenir une tige de la taille souhaitée.

Le point avant

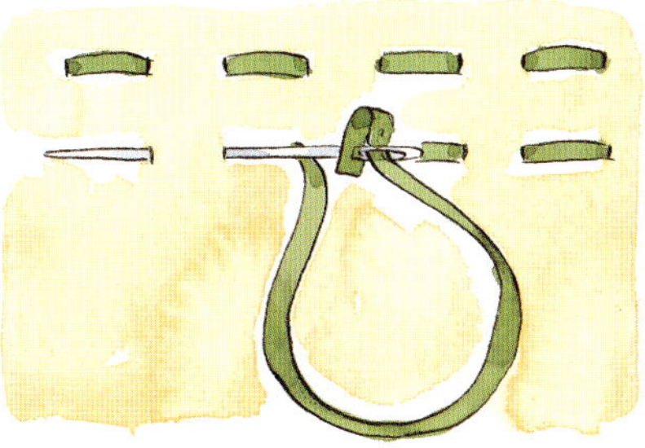

Pour réaliser ce point de base, vous devez amener l'aiguille sur l'endroit du tissu, puis piquer à intervalles réguliers, tout au long de la ligne à broder. Si vous souhaitez obtenir une couture plus solide, faites un point arrière tous les trois points avant. Cette version renforcée du point avant est appelée « demi-point arrière ». Quand vous brodez avec du ruban, veillez à ce que les points soient d'une taille et d'une tension régulières. En effet, le fait que les rubans soient larges souligne d'autant les irrégularités.

Le point lancé

L'ampleur généreuse des rubans fait qu'un simple point lancé, quand il est soigneusement brodé, peut figurer un pétale entier, alors qu'il faut exécuter de nombreux points en fil à broder pour couvrir la même surface. Le point lancé est l'un des plus importants pour la broderie de rubans. Aussi, avant de commencer un premier ouvrage, il est préférable de prendre le temps de s'y exercer sur des chutes de tissu, avec des rubans de différentes largeurs, en apprenant aussi bien à enrouler le ruban qu'à le laisser à plat.

Le point avant surjeté

Avec une aiguille à broder, faites une ligne de base en points avant. Ceux-ci doivent être légèrement plus longs que la largeur du ruban qui sera utilisé pour le surjet. Veillez à conserver entre chaque point une distance minime et régulière. Toujours avec l'aiguille à broder, amenez le ruban à surjeter sur l'endroit du tissu, un peu à droite du premier point avant. Enfilez alors le ruban sur une aiguille à tapisserie pour ne pas risquer d'accrocher ou de déchirer le ruban précédemment brodé. Glissez l'aiguille entres les points avant et le tissu, tout en guidant le ruban de l'autre main. Veillez à ce que les surjets soient parfaitement réguliers. (Le point avant surjeté en rubans a été utilisé pour la réalisation des embauchoirs de la page 121.)

L'ameublement

La parure de fenêtre

Depuis le XVIe siècle, on a embelli des filets – tissés à la main ou sur un métier – de broderies et de rubans, afin d'imiter la dentelle. De nombreuses pièces, finement ouvragées, sont le fruit d'un travail d'une extraordinaire patience. Mais ici, ces délicats rideaux sont simplement ornés de larges rubans, froncés puis rapportés, afin que l'ouvrage soit relativement rapide à réaliser. Au XIXe siècle, il était courant de garnir les parures de lit et le linge de maison de galons constitués de plusieurs rangées de rubans, cousues ensemble en forme de chevrons. Cet ouvrage est joliment bordé d'un unique rang de chevrons (voir page 27).

Confectionnés à l'origine pour servir de nappe ou de dessus-de-lit, ces rideaux ont été dénichés au fond d'une valise, dans un magasin d'antiquités. Leur réalisation fait appel à une autre technique très prisée au XIXe siècle, et qui consiste à froncer la base des rubans afin d'obtenir des motifs en forme de fleurs ou de feuilles. Les galons à chevrons et les motifs en rubans froncés, sont deux manières simples d'embellir des tissus d'ameublement unis, et peuvent être réalisés avec de nombreuses sortes de rubans. La sobriété des rubans de coton ou de lin donne de l'élégance à cet ensemble délibérément féminin.

À GAUCHE : *Des rubans de coton sur un léger tissu blanc pour un discret effet de dentelle.*
CI-CONTRE : *De simples chevrons en ruban de coton finissent les embrasses en beauté.*

Les rideaux

NIVEAU DE DIFFICULTÉ
Moyen

DIMENSIONS DES RIDEAUX TERMINÉS
Chaque rideau mesure
117 x 260 cm (galons compris)

RUBANS
120 m de ruban de coton ou de lin en 6 mm de largeur

20 m de ruban de coton ou de lin en 20 mm de largeur

6 m de ruban de coton ou de lin en 25 mm de largeur

(Note : Pour calculer le métrage de ruban nécessaire à la réalisation d'un galon à chevrons, vous devez multiplier par trois la longueur à garnir.)

MATÉRIEL
Une aiguille à broder,
et une aiguille à coudre moyenne

TISSUS
Deux morceaux de filet de coton de 265 x 118 cm chacun

DIVERS
Du fil à broder
Mouliné DMC blanc

Du fil à coudre de coton DMC blanc

Environ 40 m de cordelet de coton blanc pour les tiges

100 anneaux de plastique ou de métal, diamètre 1 cm

Des pinces parisiennes fantaisie en laiton

TECHNIQUES EMPLOYÉES
- Point couché
- Point de boutonnière
- Fleurs en rubans
- Feuilles en rubans
- Transfert du motif

RÉALISATION
1 Repliez 7,5 cm de filet sur l'endroit, tout au long des deux petits côtés et de l'un des grands.

2 Épinglez du ruban de 6 mm de largeur le long de ces trois côtés, à cheval sur les rabats et le tissu principal. Cousez-le à points couchés, de façon qu'il masque le bord des rabats. Repassez.

3 Sur l'endroit, épinglez du ruban de 6 mm de largeur au ras des bords des trois côtés ourlés et cousez-le.

4 Cousez du ruban de 6 mm de largeur le long des trois côtés ourlés, en le pliant au fur et à mesure de votre progression, de façon à former des chevrons réguliers.

(Pour la réalisation des chevrons, voir aussi les explications des embrasses et le croquis, étape 3, page 27.)

5 Reportez le motif sur les rideaux. (Le patron de la page 25 montre un quart du motif, qu'il faut agrandir au double.)

6 Épinglez du ruban de 25 mm de largeur sur le filet, le long des lignes droites, en formant les coins à angle droit. Repliez le ruban sur lui-même à chacune de ses extrémités.

7 Épinglez le ruban de 6 mm de largeur le long des principales lignes courbes du motif.

Les feuilles simples
8 Travaillez avec le ruban en 20 mm de largeur. Pour une feuille simple, coupez 5 cm de ruban. Repliez le ruban sur 5 mm à chacune de ses extrémités. Façonnez l'une de celles-ci en pointe, et plissez l'autre de façon à obtenir la forme d'une feuille. Repassez.

Les feuilles doubles
9 Pour une feuille double, coupez 10 cm de ruban en 20 mm de largeur. Repliez le ruban sur 5 mm à chacune de ses extrémités. Façonnez chaque extrémité en pointe, comme cela est indiqué dans le croquis ci-dessous. Faites un pli sur la largeur du ruban, pour marquer le milieu de chaque feuille. Pincez le centre du ruban pour obtenir deux feuilles jointes à leur base. Repassez.

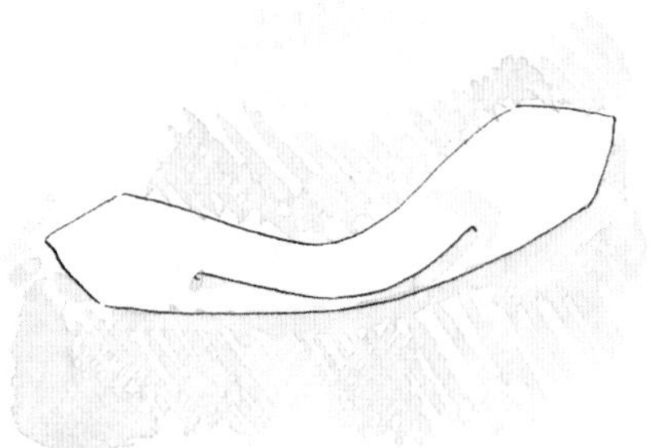

10 Cousez les feuilles doubles en place. Cousez les tiges, en cachant les extrémités du cordelet sous le ruban de 6 mm. Cousez ce dernier. Cousez les feuilles simples sur les extrémités encore visibles du cordelet.

À DROITE : Agrandissez ce patron au double. Inversez le dessin horizontalement puis verticalement, de façon à reconstituer le motif complet.

Les fleurs
11 Pour une fleur, coupez 30,5 cm de ruban en 20 mm de largeur. Fermez-le en boucle, en faisant une couture à 5 mm des bords. Passez un fil de fronce en zigzag, sur toute la longueur du ruban. Froncez pour obtenir une forme de fleur, comme sur le diagramme ci-dessous. Repassez.

12 Cousez les fleurs à points couchés sur le filet.

Les œillets
13 Recouvrez les anneaux au point de boutonnière (voir page 18), avec le Mouliné DMC, en faisant des points bien serrés. Cousez-les sur le filet.

14 Repliez le côté non fini du rideau sur l'envers, sur 6 mm. Masquez le bord coupé avec du ruban en 6 mm de largeur.

15 Accrochez les rideaux à la tringle à l'aide des pinces parisiennes.

ADAPTER LES RIDEAUX À LA TAILLE DE VOS FENÊTRES

Il est relativement facile de modifier les dimensions de ces rideaux afin de les ajuster aux dimensions de vos fenêtres.
Quant au motif de la page 25, agrandissez ou réduisez d'abord les lignes droites, de façon qu'elles s'inscrivent dans les dimensions de vos rideaux. Calculez alors le changement d'échelle de l'ensemble en fonction des nouvelles longueurs de ces lignes droites.
Agrandissez ou réduisez les lignes courbes à cette échelle. Il est important de les redessiner en les plaçant bien au centre des lignes droites, comme sur le dessin original de la page précédente.

TRAVAILLER AVEC D'AUTRES TISSUS

Ces rideaux peuvent très bien être réalisés dans d'autres tissus transparents, comme du voilage, par exemple.

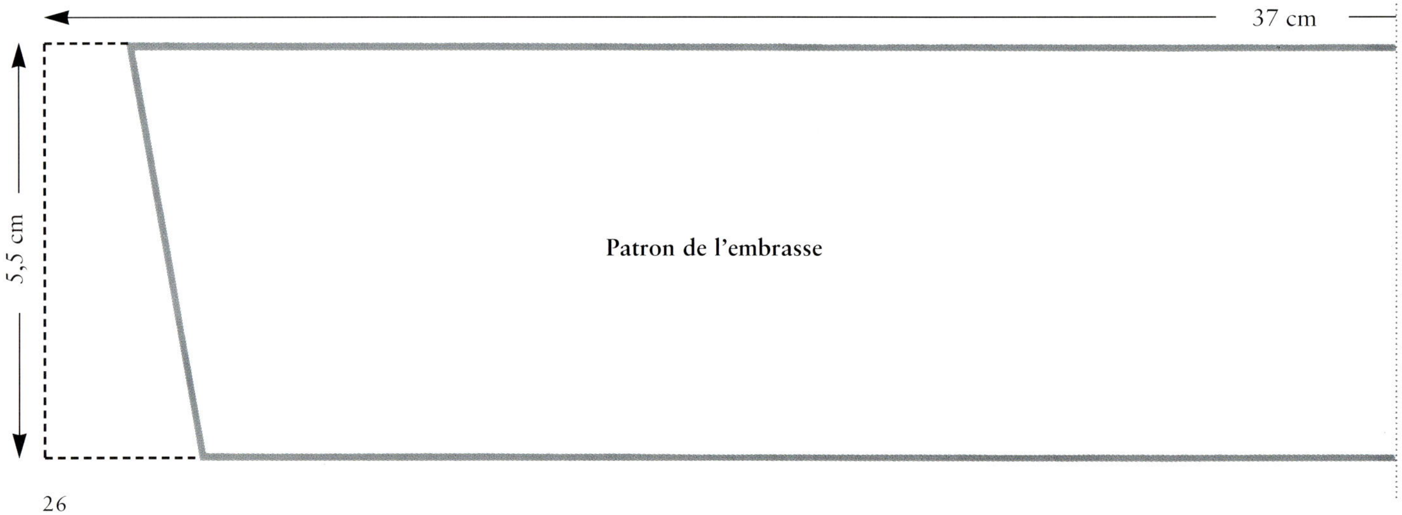

Les embrasses

Niveau de difficulté
Débutant

Dimensions des embrasses terminées
35 x 6,5 cm chacune

Rubans
Pour chaque embrasse :

37 cm de galon de coton
en 5,5 cm de largeur

75 cm de ruban de coton
en 6 mm de largeur

Matériel
Une aiguille à coudre moyenne

Tissus
Aucun

Divers
Du fil à coudre de coton DMC blanc

Quatre anneaux de laiton,
diamètre 2,5 cm

Techniques employées
- Point couché
- Point de surjet

Réalisation
1 À la base du galon, faites une marque à 1 cm de chaque extrémité. Biaisez celles-ci en coupant du coin supérieur à cette marque, comme indiqué sur le patron ci-dessous.

2 Repliez deux fois chaque extrémité sur 5 mm, sur l'envers. Fixez à points couchés, en rentrant soigneusement l'excédent de tissu dans le haut de l'ourlet.

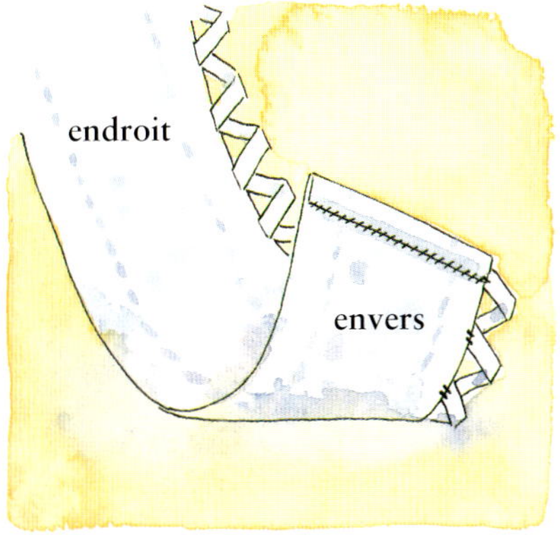

3 Cousez le ruban tout au long de la base du galon, en le pliant au fur et à mesure de votre progression, de façon à former des chevrons réguliers. Dissimulez les extrémités du ruban dans les ourlets du galon, puis fixez-les par quelques points.

4 Cousez solidement les anneaux aux coins supérieurs des embrasses.

La cantonnière fleurie

On ne détecte pas toujours du premier coup d'œil la présence de rubans sur les ouvrages du XIXe siècle. Les coloris en sont tellement raffinés qu'un profane peut croire qu'il s'agit de fils à broder aux nuances subtiles. Cette splendide cantonnière rococo,

frangée de fils d'or, est un remarquable exemple de la capacité d'évocation des rubans larges qui, s'ils sont délicatement colorés, esquissent en quelques points, un motif plein d'intensité et de charme. Les ouvrages modernes semblent bien maladroits, comparés à cette cantonnière qui témoigne de toute la richesse de l'art des rubans.

Certains des rubans utilisés ici ont été, dès l'origine, tissés en nuances dégradées. D'autres, comme ceux dessinant les grappes de lilas et les myosotis disposés de-ci de-là, ont été colorés à la main, avec de l'aquarelle ou de la teinture, après avoir été brodés sur le satin. On peignait souvent les rubans pour ajouter du détail au motif. C'est une technique créative, qui mériterait d'être remise au goût du jour. Il est probable que les coloris des rubans étaient autrefois plus vifs, mais pour restituer à cet ouvrage toute sa finesse, il est recommandé de travailler avec des teintes douces. Dans les pages suivantes, vous trouverez le patron d'une demi-cantonnière ; la rosette de la page 33 doit se trouver à cheval sur le milieu du motif complet.

À DROITE ET CI-DESSUS : Cette cantonnière de satin brillant, frangée d'or et brodée de rubans, donne de l'allure à un simple rideau de porte en calicot. Certains rubans ont été tissés en nuances dégradées à l'origine, d'autres ont été teintés à la main.

LÉGENDE

Fil ou ruban/point employé

- DMC 445/pt de nœud
- Ruban vert-jaune dégradé
- Ruban vert dégradé
- Ruban orange dégradé
- DMC 3363/pt de poste
- DMC 989/passé plat, pt de tige
- Rubans rose dégradé
- Ruban blanc teinté de lilas
- Ruban blanc teinté de bleu
- DMC B5200/p. pl. empiétant

NIVEAU DE DIFFICULTÉ Moyen

DIMENSIONS DE LA CANTONNIÈRE TERMINÉE
186 x 25 cm (franges non comprises)

RUBANS
25 m de ruban de soie blanc en 7 mm de largeur

22 m de ruban de soie vert dégradé en 13 mm de largeur

1,50 m de ruban de soie orange dégradé en 13 mm de largeur

1 m de ruban de soie rose dégradé en 13 mm de largeur

1 m de ruban de soie rose dégradé en 7 mm de largeur

8 m de ruban de soie vert-jaune dégradé en 13 mm de largeur

MATÉRIEL
Une aiguille à coudre moyenne pour le fil DMC

Une aiguille à broder pour les rubans

TISSUS
189 x 28 cm de satin blanc ou ivoire

189 x 35 cm de toile de coton blanc ou ivoire

DIVERS

Du fil à broder Mouliné DMC 989 (vert pâle)

Du fil à broder Mouliné DMC 3363 (vert foncé)

Du fil à broder Mouliné DMC 445 (jaune)

Du fil à broder Mouliné DMC B5200 (blanc)

1,90 m de galon frangé de fils dorés, en 8 cm de largeur

Treize anneaux de laiton, diamètre 1,5 cm

Du fil à coudre DMC blanc

Du fil à coudre DMC vert pâle

De la peinture pour tissu bleue et lilas
et des pinceaux fins (facultatif)

TECHNIQUES EMPLOYÉES

- Broder avec des rubans
- Point de nœud
- Point de poste
- Point de tige
- Passé plat
- Passé plat empiétant
- Point lancé
- Point couché
- Colorer des rubans

RÉALISATION

1 Repassez bien la pièce de satin.

2 Agrandissez à 130% les quatre dessins des pages 30 à 33, puis juxtaposez-les au niveau des pointillés pour obtenir le patron d'une demi-cantonnière. La rosette de la page 33 doit être positionnée à cheval sur le milieu de la cantonnière. Inversez le patron pour obtenir le motif complet et transférez celui-ci sur le satin.

3 Brodez la rosette au passé plat empiétant, avec le Mouliné DMC 445 et le Mouliné DMC B5200. Brodez les tiges au point de tige

avec le Mouliné DMC 241. Brodez les petites feuilles au passé plat empiétant : les sombres avec le Mouliné DMC 3363, les pâles avec le Mouliné DMC 954.

4 Brodez les feuilles et les fleurs en ruban. Veillez à bien former les boucles et les plis, de façon à obtenir un motif identique à celui représenté sur le patron. Lorsque celui-ci indique qu'un long bout de ruban doit se déployer à plat sur le satin, comme c'est le cas pour les grandes feuilles, fixez-le par quelques petits points cousus avec du fil à coudre DMC d'un coloris identique.

5 Éventuellement, après les avoir brodés, vous pouvez teinter les rubans des grappes de lilas et des myosotis.

6 Avec le Mouliné DMC 445, brodez les cœurs des lilas et des myosotis au point de nœud. Avec le Mouliné DMC 3363, brodez les étamines sur les cœurs des grandes fleurs orange.

7 Placez le satin sur la toile de coton, endroit contre endroit, et faites une piqûre à 1,5 cm des bords, sur les quatre côtés, à la main ou à la machine, en laissant une petite ouverture. Retournez la cantonnière sur l'endroit et fermez-la à points couchés.

8 Cousez le galon frangé à points couchés tout au long de la base de la cantonnière, en le repliant soigneusement sur lui-même à chaque extrémité.

9 Avec le fil à coudre DMC blanc, cousez les anneaux de laiton, au point de boutonnière, sur l'envers de la cantonnière, en les plaçant juste en dessous du haut de celle-ci, à intervalles réguliers.

Le couvre-lit «log cabin»

Le *log cabin* – qui signifie littéralement « cabane de rondins » – est un motif de patchwork traditionnel auquel les rubans sont très bien adaptés. En effet, leur utilisation évite le minutieux travail qui consiste habituellement à découper une grande quantité de bandes de tissu. Il suffit juste d'égaliser chaque ruban après l'avoir cousu à sa place. On obtient ainsi un effet spectaculaire avec un minimum d'efforts.

Cet ouvrage original de style Art Déco, feu d'artifice de satin brillant et de gros-grain, fut une heureuse trouvaille. Je l'ai trouvé alors que je sillonnais la campagne galloise à la recherche de couvertures traditionnelles. Cet éclatant couvre-lit suffisait à illuminer une chambre peinte en blanc et sobrement meublée. À l'examen, sa conception révéla plus d'ingéniosité qu'il aurait pu y paraître. Chaque coloris est décliné dans plusieurs textures. Le noir à lui seul est présent sous forme de satin jacquard, de satin lisse, de gros-grain et de velours, parfois assemblés sur une même bande. L'ensemble est composé de rubans mais aussi de bouts de tissu, y compris les lisières que l'on cache habituellement. Malgré cela, toutes les pièces sont soigneusement disposées, et chaque quart du couvre-lit est l'exact miroir des trois autres.

J'ai délibérément employé quelques fournitures disparates afin que ce couvre-lit conserve le charme de son modèle. Vous pourrez chercher dans votre boîte à ouvrage les chutes de rubans qui accentueront son chaleureux aspect fait maison. Bien que le matelassage soit limité à des points de capiton à l'intersection des motifs, le jeu des différentes textures lui donne un relief subtil.

À DROITE : *Des rubans rouges, blancs et dorés composent un vitrail d'une éclatante luminosité sur un somptueux fond noir, mêlant avec sensualité velours, gros-grain, satin jacquard et satin lisse.*

12 Épinglez, bâtissez puis assemblez entre elles les rangées de cinq carrés, endroit contre endroit, en suivant le diagramme. Confectionnez ainsi quatre grands carrés, chacun constitué de cinq rangées de cinq carrés. Chacun d'eux doit être l'image inversée de son voisin. Ouvrez toutes les coutures puis repassez-les.

13 Épinglez, bâtissez puis assemblez les quatre grands carrés, endroit contre endroit, en suivant le diagramme.

14 Ouvrez les coutures puis repassez-les.

Le passepoil
15 Dans le satin noir, découpez des bandes de 5 cm de largeur dans le biais. Assemblez-les les unes aux autres, endroit contre endroit, en faisant des piqûres à 1,5 cm des bords, jusqu'à obtenir une bande de biais de 7 m de longueur. Ouvrez les coutures et repassez-les. Disposez la mèche à passepoil au centre de la bande, sur l'envers. Repliez la bande en deux autour de la mèche. Faites une piqûre tout au long du biais, au ras de la mèche. Si vous travaillez à la machine, utilisez un pied-de-biche destiné à la couture des fermetures à glissière.

16 Épinglez le passepoil tout autour du couvre-lit, sur l'endroit, bord à bord. Crantez le tissu à chaque angle. Bâtissez l'ensemble le long de la ligne de couture, à 1,5 cm des bords, puis piquez.

17 Pour consolider l'ouvrage, faites une deuxième piqûre à 6 mm des bords. Rabattez les coutures sur l'envers et repassez.

18 Confectionnez la pièce de doublure en assemblant des morceaux de tissu, de façon à obtenir un carré de 168 cm de côté. Repliez 1,5 cm de tissu sur l'envers, tout autour de ce carré, en façonnant les coins à angle droit. Repassez.

19 Placez la doublure sur le couvre-lit, envers contre envers, et cousez-la en faisant des points couchés tout au long de la piqûre du passepoil.

20 Fixez ensemble les différentes épaisseurs du couvre-lit en faisant un point de capiton aux intersections des petits carrés. Pour chaque point de capiton, enfilez deux couleurs assorties de Coton Perlé DMC sur une aiguille chenille. Piquez l'aiguille sur l'envers du tissu et faites-lui traverser toutes les épaisseurs, sauf les rubans du dessus (ne prenez que les coutures afin que les points de capitonnage ne soient pas visibles sur l'endroit du travail!). Laissez le fil dépasser de 3 cm environ sur l'envers. Ramenez l'aiguille sur l'envers, le plus près possible du point d'origine. Piquez une deuxième fois comme précédemment. Ôtez l'aiguille et faites un nœud plat avec les extrémités des fils, puis coupez-les à 2,5 cm du nœud.

Transformer le couvre-lit en panneau mural

Si vous souhaitez exposer votre ouvrage sur un mur, il vous faut acheter une solide tringle de bois, à peu près de la grosseur d'un manche à balai, et deux supports muraux coordonnés.

1 Prenez la bande de toile couleur chamois de 165 x 10 cm et repassez-la bien.

2 Repliez deux fois chaque extrémité sur l'envers. Épinglez, bâtissez, puis ourlez soigneusement. Repassez.

3 Placez la bande sur l'un des côtés du patchwork, sur la face doublée, endroit contre endroit (la bande doit chevaucher le panneau sur environ 2 cm). Épinglez en veillant à ne prendre que l'épaisseur de la bande et celle de la doublure.

4 Rabattez la bande sur l'endroit et glissez la tringle dessous pour calculer la position exacte de la deuxième couture. Assurez-vous que la gaine ainsi obtenue, une fois tendue par la tringle, ne dépassera pas du haut du panneau.

5 Lorsque la gaine est bien positionnée, faites une piqûre solide tout au long de son bord supérieur, puis fixez sa base à points couchés.

** Il est possible de fixer une gaine identique sur le côté opposé du panneau de façon à pouvoir éventuellement le retourner. Il est en effet conseillé de retourner de temps en temps les panneaux suspendus au mur, afin de répartir la tension exercée sur les coutures par le poids de l'ouvrage. Cela est particulièrement important si l'ouvrage a été réalisé à la main, les coutures faites à la machine étant généralement plus solides.

Légende

G	Gros-grain
S	Ruban de satin
SM	Ruban de satin mordoré
F	Ruban fantaisie
SF	Ruban de satin fantaisie

G
SM
G
G
S
S
G
G
G
F
S
G
SF
F
G
G
S
S
G
G
G
S
S
S
G
SM
G
G
S
S
S
G
G
S
S
S
SF
F
G
G
G
S
S
S
S
S
S
G
G
SM
16,5 cm

La nappe violette

Le temps n'a pas altéré les coloris de cette jolie nappe. Les rubans violet foncé et jaune-vert ont toujours beaucoup d'éclat, et la doublure de satin vert acidulé leur est parfaitement coordonnée. Cette nappe m'a été aimablement prêtée par une amie qui possède une extraordinaire boutique de rubans. Sa chaleur, son enthousiasme et sa passion communicative pour les rubans sont tout entiers présents dans cet ouvrage très riche.

C'est un premier ouvrage idéal pour une débutante. Sa réalisation ne fait appel qu'à des points de broderie de base, travaillés avec des rubans larges, ce qui la rend aisée et rapide. Les fleurs et les feuilles sont dessinées grâce à de simples points lancés, brodés avec du ruban en 13 mm de largeur, qui produisent d'eux-mêmes un splendide effet de relief. Les rubans aux nuances dégradées ajoutent aux motifs un modelé subtil. La diversité des points utilisés fait de cette nappe un ouvrage intéressant à réaliser.

Pour obtenir des nuances dégradées, vous pouvez colorer vos rubans en laissant la teinture se diffuser de façon irrégulière, dans un style contemporain, ou bien y peindre des ombres d'une facture plus traditionnelle (voir Colorer les rubans, page 16 du chapitre Avant de commencer).

Les rubans larges sont bien adaptés aux grands ouvrages tels que les garnitures de rideaux et les parures de lit, dont la réalisation serait sinon très fastidieuse.

À DROITE : *L'audacieuse association de rubans vert pomme vif et violet sombre tranche avec bonheur sur la sobriété d'un impeccable lin naturel. De simples points lancés permettent de créer rapidement et aisément un motif très enlevé.*

NIVEAU DE DIFFICULTÉ
Débutant

DIMENSIONS DE LA NAPPE TERMINÉE
86,5 x 86,5 cm

RUBANS
Environ 24 m de chaque catégorie suivante :

Ruban de soie violet foncé
en 13 mm de largeur*

Ruban de soie lilas
en 7 mm de largeur*

Ruban de soie lilas clair
en 7 mm de largeur*

Ruban de soie jaune-vert
en 7 mm de largeur*

Environ 8 m de chaque catégorie suivante :

Ruban de soie vert foncé dégradé (ou teint) en 4 mm de largeur

Ruban de soie vert pâle dégradé (ou teint) en 4 mm de largeur

* Voir la remarque de la page 45

MATÉRIEL
Une aiguille chenille
(pour les rubans),
et une aiguille à broder
(pour le fil à broder)

Un tambour à broder (facultatif)

TISSUS
Un carré de lin naturel
de 88,5 cm de côté

Un carré de satin jaune-vert
de 88 cm de côté

DIVERS
Du fil à broder Mouliné DMC 2369 (vert pâle)

Du fil à broder Mouliné DMC 2745 (jaune)

Du fil à coudre de polyester DMC pour coudre le satin

TECHNIQUES EMPLOYÉES
- Point couché
- Point d'épine
- Point de tige
- Point de nœud
- Point lancé
- Colorer des rubans
- Broder avec des rubans
- Transfert du motif

RÉALISATION
1 Repassez bien la pièce de lin.

2 Agrandissez à 140% les patrons des pages 44 et 45. Transferez le motif sur le lin en les reportant autant de fois que nécessaire, selon la disposition indiquée sur le dessin de la page 42.

3 Avec le Mouliné DMC 2369 (vert pâle), brodez les tiges au point de tige.

4 Brodez les fleurs en rubans au point lancé.

5 Brodez les feuilles en rubans au point lancé.

6 Brodez la frise autour de la nappe au point d'épine.

7 Brodez les points de nœud avec le Mouliné DMC 2745 (jaune).

8 Si vous souhaitez repasser l'ouvrage, faites-le très légèrement sur l'envers. Travaillez sur une surface molletonnée, par exemple une serviette de toilette pliée, recouverte d'un linge blanc propre. Veillez à ne pas aplatir les rubans.

9 Repliez deux fois le lin sur l'envers, sur 5 mm, tout autour de la nappe. Façonnez les coins à angle droit. Repassez cet ourlet, puis épinglez-le et bâtissez-le.

10 Repliez les bords de la pièce de satin sur l'envers, sur 5 mm, tout autour de celle-ci. Repassez. Épinglez le satin sur le lin, envers contre envers, et cousez-le à petits points couchés.

ÊTRE FIDÈLE À L'ORIGINAL
Si vous regardez attentivement la broderie d'origine de la nappe violette, vous vous apercevrez que l'une des règles d'or de la broderie de rubans a été transgressée. En effet, les fleurs et certaines feuilles ont été brodées avec une aiguille trop fine pour pouvoir percer des trous suffisamment gros dans le tissu de fond. Les rubans, serrés dans des trous trop étroits, ne peuvent pas se déployer, et il se forme de ce fait à leur surface des plis et des fronces. Il en résulte que les pétales et les feuilles sont deux fois moins larges que les rubans utilisés pour les broder.

Il est possible que cet effet ait été voulu, mais cela semble improbable car les feuilles travaillées avec des rubans de couleurs dégradées ont été, elles, brodées avec une aiguille de taille correcte : chaque point peut prendre toute son ampleur et se déployer largement à la surface du tissu.

C'est pour cette raison que quelques indications vous sont

données ci-dessous afin que vous ayez le choix de broder les fleurs et certaines feuilles avec des rubans étroits ou larges.

* Pour obtenir un effet identique à l'original, utilisez des rubans en 13 mm de largeur et une aiguille perçant des trous un peu trop petits pour que le ruban puisse s'y glisser aisément.

Quant à moi, si je devais réaliser cet ouvrage, j'utiliserais des rubans en 7 mm de largeur et une taille d'aiguille appropriée. Cela serait plus économique que d'acheter du ruban de soie large. De plus, le résultat obtenu serait plus délicat, puisque que les fleurs ne seraient pas constituées d'une double épaisseur de ruban.

Variante

Ce motif ferait une jolie bordure le long d'un rideau uni. Choisissez des rubans de couleurs neutres (brun, beige, blanc et crème) brodés sur du calicot ou du lin, pour un style sobre et contemporain.

Légende

Fil ou ruban/point employé

- DMC 2745/pt de nœud
- Ruban vert pâle dégradé 4 mm
- Ruban jaune-vert
- 7 ou 13 mm
- DMC 2369/pt de tige
- Ruban vert foncé dégradé 4 mm
- Ruban violet 7 ou 13 mm
- Ruban lilas ou lilas clair
  7 ou 13 mm

La literie

La petite courtepointe

Réalisée à l'occasion du premier anniversaire de ma fille, cette courtepointe romantique fait revivre la coutume qui consistait à confectionner de luxueux couvre-lits de soie pour offrir lors des grandes occasions, comme les mariages et les baptêmes.

Cet ouvrage délicat est inspiré des couvertures anglaises en patchwork du XIXe siècle, qui étaient fabriquées avec de larges rubans de soie à chapeau. Cette ingénieuse technique permettait de coudre à la main, en quelques soirées, une couverture matelassée de très grande qualité. Les lisières des rubans évitent la fastidieuse corvée des ourlets et des rabats. Les rubans sont directement appliqués en une seule opération sur les deux épaisseurs de l'ouvrage. De plus, étant donné leur largeur, il n'y a pas beaucoup de surpiqûres à faire. Le motif *log cabin* a été ici légèrement adapté afin d'obtenir une courtepointe rectangulaire, aux dimensions d'un lit d'enfant standard.

J'ai déniché ces adorables rubans de soie à chapeau, datant de l'époque victorienne, dans un recoin sombre d'une boutique d'antiquités. Avec le temps, beaucoup de rubans deviennent trop fragiles pour être utilisés. Mais cet assortiment-là, rangé à l'abri de la lumière et de l'humidité, avait gardé toute sa souplesse, et la soie avait la transparence et la délicatesse d'une aquarelle. On peut réaliser un ouvrage plus ordinaire et plus résistant avec des rubans modernes de coton ou de satin. Une courtepointe de soie est un cadeau de naissance utile et ravissant. Afin de pouvoir l'utiliser en hiver, vous pouvez la doubler plus chaudement avec de la ouatine naturelle ou synthétique. Notez bien que l'oreiller photographié est uniquement décoratif ; les oreillers ne sont pas recommandés pour les bébés.

À DROITE : Cette courtepointe matelassée, confectionnée avec des rubans anciens pour une grande occasion, peut aussi être réalisée avec des matières modernes afin de la rendre plus résistante.

NIVEAU DE DIFFICULTÉ
Débutant

DIMENSIONS DE LA COURTEPOINTE TERMINÉE
71 x 99 cm

RUBANS
5,25 m de ruban de soie à chapeau en 15 cm de largeur

MATÉRIEL
Une aiguille fine à matelasser, et des épingles à matelasser

TISSUS
71 x 99 cm de ouatine naturelle

71 x 99 cm de calicot prélavé de très bonne qualité

DIVERS
4 m de biais de satin blanc

Du fil à coudre DMC blanc

Un crayon ou un feutre évaporable

TECHNIQUES EMPLOYÉES
- Point avant
- Cranter
- Façonner le biais à angle droit

RÉALISATION
1 Repassez le tissu et les rubans. Placez la ouatine sur le calicot.

2 Avec le crayon ou le feutre évaporable, tracez les diagonales du rectangle de ouatine. En partant du centre, bâtissez ensemble les deux épaisseurs, tout au long des traits. Épinglez un carré de ruban de 15 cm au centre de la ouatine, les bords non finis parallèles aux grands côtés de celle-ci (voir croquis ci-dessus, à gauche). Bâtissez, puis ôtez les épingles.

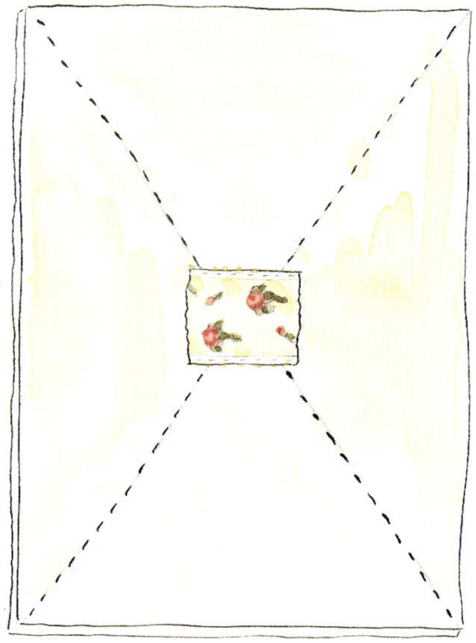

Tout au long de cette réalisation, reportez-vous au croquis de la page 51 pour positionner correctement les différentes pièces.

3 Épinglez puis bâtissez un bout de ruban de 15 cm de longueur, en faisant chevaucher sur 1 cm l'un des côtés non finis du carré précédemment cousu.

4 Épinglez puis bâtissez un bout de ruban de 29 cm de longueur, en faisant chevaucher sur 1 cm le bord non fini du ruban appliqué à l'étape 3 et la lisière du premier carré (voir croquis ci-dessus, à droite).

5 Épinglez puis bâtissez un bout de ruban de 29 cm de longueur, en faisant chevaucher sur 1 cm les bords non finis des rubans cousus aux étapes 2 et 4.

6 Épinglez puis bâtissez un bout de ruban de 43 cm de longueur, en faisant chevaucher sur 1 cm les bords non finis des pièces cousues aux étapes 3 et 5 et la lisière du premier carré.

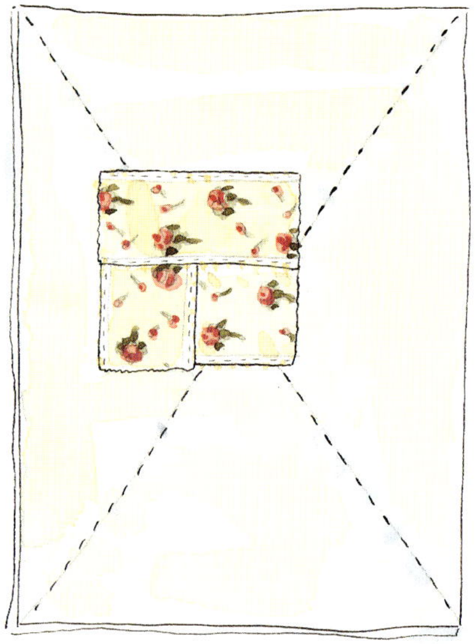

7 Épinglez puis bâtissez un bout de ruban de 43 cm de longueur, en faisant chevaucher sur 1 cm la lisière du ruban cousu à l'étape 6.

8 Épinglez puis bâtissez un bout de ruban de 43 cm de longueur, en faisant chevaucher sur 1 cm la lisière du ruban cousu à l'étape 7.

9 Épinglez puis bâtissez un bout de ruban de 43 cm de longueur, en faisant chevaucher sur 1 cm la lisière de la pièce cousue à l'étape 4 et le bord non fini de celle cousue à l'étape 5.

10 Épinglez puis bâtissez un bout de ruban de 43 cm de longueur, en faisant chevaucher sur 1 cm la lisière du ruban cousu à l'étape 9.

11 Épinglez puis bâtissez un ruban de 99 cm de longueur, en faisant chevaucher tous les rubans sur 1 cm, sur la gauche de l'ouvrage. Procédez de la même manière sur la droite, avec un second ruban identique. La ouatine doit être entièrement recouverte.

12 En partant du centre de l'ouvrage, procédez au matelassage avec du fil à coudre DMC. Faites une surpiqûre le long de chaque ruban, juste sous la lisière, à petits points avant, en prenant toutes les épaisseurs de ruban et de tissu.

13 Cousez le biais tout autour de la courtepointe, en façonnant bien les coins à angle droit.

Les couvertures gansées

Après avoir été détrônées quelque temps par les couettes, les couvertures de laine semblent à présent redevenir très populaires. Ces couvertures galloises, très recherchées, se sont transmises de génération en génération. Certaines datent de la fin du XVIIIe siècle. Les modèles anciens étaient tissés sur des métiers étroits, puis on assemblait les différentes bandes. En regardant de près, on peut à peine discerner les coutures.

À l'origine, les couvertures étaient bordées au point de feston ou avec des franges nouées. Quand elles étaient usées, particulièrement quand les extrémités en avait été tiraillées par des générations d'enfants enthousiastes, on en consolidait les bords effilochés avec de la ganse. On se servait traditionnellement de simples bandes de lainage tissé dans les mêmes coloris naturels que les couvertures : gris charbon comme la laine du mouton local, et rouge intense comme les racines de la garance.

Je vous propose ici des versions actuelles de ganses, principalement utilisées dans un but décoratif, et réalisées avec du ruban froncé en zigzag, du ruban brodé au point de feston, ou du ruban de rayonne brillant.

Une jolie couverture est aussi utile dans un séjour que dans une chambre. Vous pouvez en draper un vieux divan lorsque des invités arrivent à l'improviste, ou vous emmitoufler confortablement quand l'hiver est là.

On peut trouver des couvertures de laine naturelle dans les magasins tenus par des associations caritatives récupérant les vieux textiles, mais elles ne sont pas souvent exposées à cause de leur encombrement. Il est toutefois important de toujours vérifier si la couverture n'est pas mitée avant de l'acheter.

À gauche : Sur cet attirant assortiment de couvertures gansées, les lainages rouges, gris et beiges se marient en une combinaison traditionnelle de couleurs.

GANSER LE LINGE DE MAISON

En suivant les techniques de base expliquées dans les pages suivantes, il est possible de garnir tout le linge de maison à peu de frais, et en fournissant un travail relativement minime. Quelques rubans appliqués sur une couverture lui donnent plus de charme. Quand vous appliquez des rubans, veillez toujours à bien coudre chaque lisière avec des points allant dans la même direction, pour éviter des fronces disgracieuses. Une double piqûre à la machine fait moins de fronces que des rubans avec des points dans tous les sens !

Une autre idée simple consiste à décorer le linge de monogrammes réalisés avec des bouts de ruban étroits, froncés, façonnés en forme de lettres, puis cousus sur le tissu. Cela fait beaucoup d'effet.

Bien que la plupart des gens pensent que les couvertures étaient traditionnellement bordées de larges rubans de satin, il s'agit, en fait, d'une habitude relativement récente, et qui ne sera donc pas évoquée dans la sélection de ganses pour couvertures traditionnelles (voir page 55).

Il y a peu, on fabriquait encore de larges rubans de satin de bonne qualité, coupés dans le biais, destinés à donner une nouvelle vie à une couverture aux bords fatigués. Malheureusement, la production de ces rubans a été abandonnée lorsque le public s'est tourné vers les couettes au détriment des parures de lit traditionnelles.

Comme ces rubans sont généralement devenus introuvables, j'ai préféré ne pas les citer dans la sélection de ganses pour couvertures contemporaines (voir page 56). Cependant, comme on me demande souvent comment récréer ce charmant effet, j'explique dans le paragraphe suivant comment réaliser vos propres bordures de satin.

CONFECTIONNER DES BORDURES DE SATIN

Le mot ruban signifie simplement « bande étroite », et certains rubans actuels sont encore véritablement de minces bandes découpées dans du tissu, au lieu d'être spécialement tissés dans une largeur déterminée, avec deux lisières. Ainsi, les rubans que vous aurez confectionnés, en suivant ces explications, seront-ils aussi authentiques que si vous les aviez achetés. Bien évidemment, les bords n'en seront pas tissés, mais comme ils seront pris dans les coutures, cela ne pose pas de problème.

Si vous voulez réaliser une petite couverture destinée à un lit d'enfant ou de poupée, cette technique offre l'avantage de fournir des bordures de satin à l'exacte échelle de l'ouvrage, contrairement aux rubans du commerce qui n'existent qu'en certaines largeurs. De plus, vous pourrez réaliser des bordures dans les teintes que vous souhaitez, au lieu de vous limiter à la gamme de couleurs d'un fournisseur.

Pour obtenir un effet raffiné, choisissez du satin d'une couleur presque identique à celle de la couverture à border. Les contrastes de couleurs très tranchées sont plus spectaculaires, mais moins élégants.

1 Mesurez la longueur que vous souhaitez border, et ajoutez 5 cm pour les rentrés des extrémités.

2 Achetez du satin lisse d'excellente qualité. Faites couper le métrage nécessaire dans la longueur plutôt que dans la largeur, afin d'éviter de devoir assembler des bandes. Vous pouvez aussi couper votre bordure dans le biais ; si vous choisissez du satin en petite laize, et souhaitez réaliser un ouvrage plus grand qu'une couverture de bébé, cela vous obligera certainement à assembler des bandes pour obtenir la longueur voulue.

3 Coupez une bande de satin de 13 cm de largeur et de la longueur voulue, plus quelques centimètres pour les rentrés à chaque extrémité.

4 Repliez les deux grands côtés de la bande sur l'envers, sur 1,5 cm. Repassez pour marquer bien nettement ces deux plis.

5 Dépliez l'un des rabats et placez la bande de satin à 3,5 cm du bord de la couverture, endroit contre endroit, de façon qu'elle se positionne correctement lorsque vous la rabattrez sur l'autre face. Épinglez, bâtissez, puis piquez à la machine le long du pli.

(Note : Si vous utilisez une bande plus étroite pour l'adapter à une petite couverture, il ne faut pas la placer à 3,5 cm du bord. Pour calculer la distance appropriée, ôtez deux fois la valeur de la réserve de couture à la largeur de la bande, et divisez le résultat par deux.)

6 Rabattez l'extrémité de la bande sur l'envers, et cousez-la à points couchés.

7 Rabattez la bande de satin sur l'autre face de la couverture. Épinglez, puis cousez à points couchés.

8 Fermez l'autre extrémité de la bande à points couchés.

Style traditionnel - 1

Ruban rouge garance sur une seule face de la couverture

Niveau de difficulté
Débutant

Rubans
De la ganse de laine rouge garance d'une longueur égale à celle de la couverture à border, plus 3 cm pour les rentrés des extrémités

Matériel
Une aiguille à coudre moyenne

Tissus
Une couverture de laine naturelle

Divers
Du fil à coudre DMC assorti à la ganse et du fil à coudre DMC assorti à la couverture

Application de la bordure
1 Coupez les bords usés de la couverture. Repliez deux fois le tissu sur l'envers, sur 1,5 cm, tout autour de la couverture. Repassez. Épinglez, bâtissez puis piquez ce nouvel ourlet à la main ou à la machine.

2 Épinglez puis bâtissez la ganse le long du bord supérieur de la couverture, en retournant soigneusement les extrémités sur elles-mêmes. Cousez-la à points couchés.

Style traditionnel - 2

Ganse de laine sur les deux faces de la couverture

Niveau de difficulté
Débutant

Rubans
De la ganse de laine noire en 3,5 cm de largeur et d'une longueur égale à deux fois celle de la couverture à border, plus 6 cm pour les rentrés des extrémités

De la ganse de laine noire en 7 cm de largeur, et d'une longueur égale à celle de la couverture à border, plus 3 cm pour les rentrés des extrémités

Matériel
Une aiguille à coudre moyenne

Tissus
Une couverture de laine naturelle

Divers
Du fil à coudre DMC assorti à la ganse

Application de la bordure
1 Coupez les bords usés de la couverture.

(Note : Si les bords ne sont pas trop abîmés, on peut les recouvrir sans les recouper.)

2 Si vous utilisez de la ganse en 3,5 cm de largeur, épinglez-la et bâtissez-la à 3,5 cm du bord de la couverture, sur chacune des faces de celle-ci, en repliant soigneusement les extrémités. Cousez-la à points couchés.

3 Joignez les deux longueurs de ganse ensemble, à points couchés, le bord de la couverture étant emprisonné entre elles.

Variante
Vous pouvez utiliser de la ganse deux fois plus large et la placer à cheval sur le bord de la couverture.

Style traditionnel - 3

Ruban jacquard sur une seule face de la couverture

Niveau de difficulté
Débutant

Rubans
Du ruban jacquard rouge garance en 7,5 cm de largeur environ, et d'une longueur égale à celle de la couverture à border, plus 1 cm pour les rentrés des extrémités

Matériel
Une aiguille à coudre moyenne

Tissus
Une couverture de laine naturelle

Divers
Du fil à coudre DMC assorti au ruban et du fil à coudre DMC assorti à la couverture

Application de la bordure
1 Coupez les bords usés de la couverture. Repliez deux fois le tissu sur l'envers, sur 1,5 cm, tout autour de la couverture. Repassez. Épinglez, bâtissez puis piquez ce nouvel ourlet à la main ou à la machine.

2 Épinglez puis bâtissez le ruban le long du bord supérieur de la couverture, en retournant soigneusement les extrémités sur elles-mêmes. Cousez-le à points couchés.

Variante
Vous pouvez complètement recouvrir le bord de la couverture en plaçant le ruban à cheval par-dessus. Vous pouvez aussi coudre un ruban de chaque côté de la couverture, et les joindre à points couchés.

Style contemporain - 1

Ruban brodé au point de feston

NIVEAU DE DIFFICULTÉ
Débutant

RUBANS
Du ruban de satin étroit, double face (par exemple, comme ici, du ruban de satin marron en 2 mm de largeur), d'une longueur égale à environ quatre fois celle de la couverture à border

MATÉRIEL
Une aiguille à broder

TISSUS
Une couverture de laine naturelle

APPLICATION DE LA BORDURE
1 Coupez et égalisez les bords usés de la couverture. Faites un ourlet tout autour de celle-ci en repliant deux fois le tissu sur l'envers, sur 1,5 cm.
Repassez l'ourlet, épinglez-le, puis bâtissez-le.

2 Avec le ruban de satin étroit, brodez tout le tour de la couverture au point de feston, en veillant à espacer régulièrement les points.

Style contemporain - 2

Bordure de ruban froncé en zigzag

NIVEAU DE DIFFICULTÉ
Débutant

RUBANS
Du ruban en 2 cm de largeur (par exemple, comme ici, du gros-grain beige), d'une longueur égale à deux fois celle de la couverture à border

MATÉRIEL
Une aiguille à coudre moyenne

TISSUS
Du fil à coudre DMC assorti au ruban

APPLICATION DE LA BORDURE
1 Passez un fil de fronce en faisant des points avant en zigzag (voir croquis ci-dessous) sur toute la longueur de ruban nécessaire.

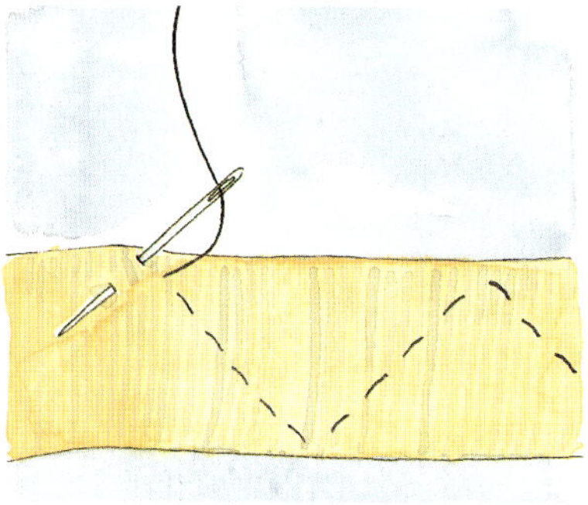

2 Froncez le ruban jusqu'à obtenir environ la moitié de sa longueur d'origine.

3 Épinglez le ruban, bâtissez-le à environ 12 cm du bord de la couverture, puis cousez-le à points avant ou arrière, en retournant soigneusement les extrémités sur elles-mêmes.

Style contemporain - 3

Ruban de rayonne

NIVEAU DE DIFFICULTÉ
Débutant

RUBANS
Du ruban en 2,5 cm de largeur (par exemple, comme ici, du ruban de rayonne brillant beige), d'une longueur égale à deux fois celle de la couverture à border

MATÉRIEL
Une aiguille à coudre moyenne

TISSUS
Une couverture de laine naturelle

DIVERS
Du fil à coudre DMC assorti au ruban

APPLICATION DE LA BORDURE
1 Coupez les bords usés de la couverture.

2 Pliez le ruban en deux dans le sens de la longueur.

3 Épinglez le ruban, puis bâtissez-le au ras du bord de la couverture. Cousez-le à points couchés, en retournant soigneusement les extrémités sur elles-mêmes.

À DROITE : Le ruban froncé, le ruban brodé au point de feston et le ruban de rayonne sont les versions contemporaines des techniques utilisées traditionnellement pour border les couvertures.

Le range-chemise de nuit

Cet ouvrage évoque un des passe-temps du XIXe siècle qui consistait à confectionner et à peindre des fleurs en rubans de velours. Cette activité redevenant à la mode, j'ai souhaité expliquer la confection de ce bouquet de pensées en ruban violet.

Le charme de ces fleurs réside dans leurs coloris plutôt vifs et dans la naïveté des finitions. Observez, par exemple, les bords non ourlés du cercle de velours blanc qui sert de base au bouquet, et la disposition négligée des tiges.

Plutôt que d'essayer de confectionner des fleurs réalistes, cherchez à obtenir un effet aussi spontané, empreint de nostalgie. Vous pouvez aussi acheter des fleurs artificielles dans les merceries, les magasins de chapeaux, les boutiques de mariage et chez les fleuristes.

Les fleurs en soie sont à présent tellement convaincantes que l'on pourrait réaliser avec elles une version plus sophistiquée de cet ouvrage. Remplacez les pensées par des boutons de rose en soie, et utilisez des rubans de rayonne souples, aux coloris passés et délicats.

Le bouquet couronne des cercles concentriques de rubans de satin froncés, le tout recouvrant une housse capitonnée. On réalise d'abord le dessus décoratif, puis on coud ensemble toutes les épaisseurs constituant la housse, si bien qu'après une simple couture, l'ouvrage, miraculeusement, est presque terminé.

Si vous ne confectionnez pas vous-même les fleurs, il vous suffira d'une soirée pour réaliser ce délicieux ouvrage à froufrous. Les fleurs n'étant pas lavables, il faut faire en sorte de pouvoir retirer le bouquet.

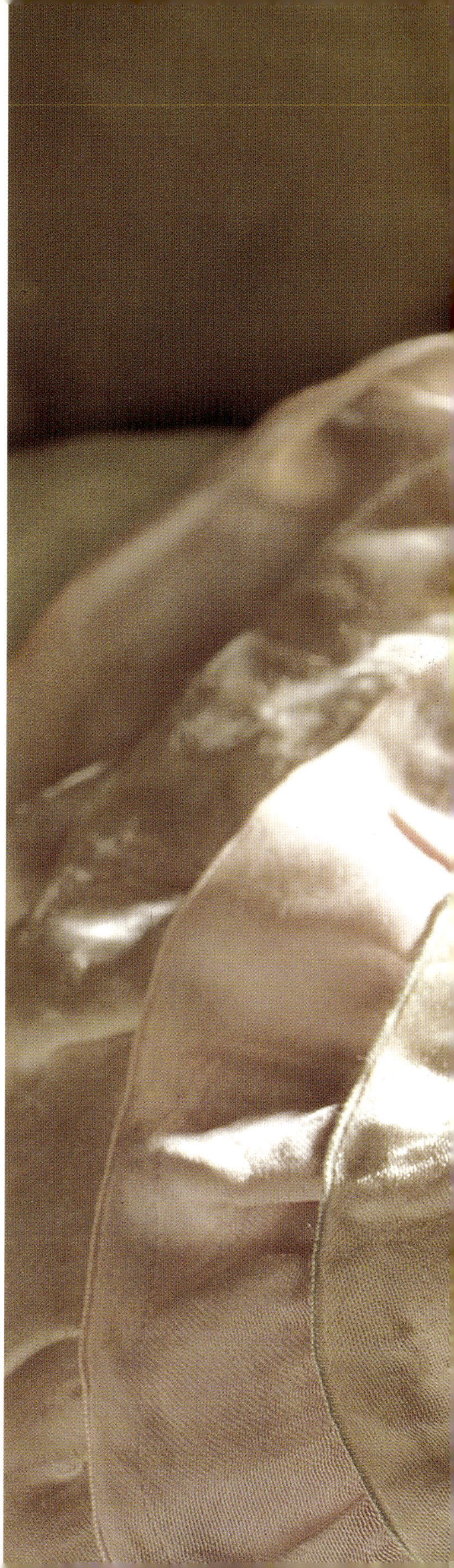

À DROITE : *Avec le temps, les volants en rubans de satin délibérément féminins de ce range-chemise de nuit, à l'origine mauve et vert acidulé, ont été décolorés en des nuances belles et subtiles. Le soleil a aussi considérablement endommagé la texture même des rubans.*

NIVEAU DE DIFFICULTÉ
Moyen

DIMENSIONS DU RANGE-CHEMISE TERMINÉ
36 cm de diamètre

RUBANS
3,50 m de ruban de satin lavande clair en 38 mm de largeur

2,60 m de ruban de satin blanc ou vert très pâle en 38 mm de largeur

1,10 m de ruban de velours blanc en 38 mm de largeur pour les pensées

1,90 m de ruban de coton vert en 38 mm de largeur pour les feuilles, les calices et les tiges

MATÉRIEL
Des pinces coupantes
Une aiguille à coudre moyenne

TISSUS
De la toile de coton lavande clair, en quantité suffisante pour couper quatre cercles de 39 cm de diamètre

Du velours blanc en quantité suffisante pour couper un cercle d'environ 5 cm de diamètre

DIVERS
De la ouatine mince en quantité suffisante pour couper deux cercles de 39 cm de diamètre

Du fil à coudre DMC lavande clair
De l'amidon
De la colle à tissu

POUR LES PENSÉES :
Un crayon ou un feutre évaporable, du fil de fer de fleuriste de grosseur moyenne, du ruban vert de fleuriste, quatre cœurs de fleurs articielles rouge et jaune (dans les boutiques de décoration ou chez les fleuristes), des feutres pour tissu violet foncé, jaune et noir.

(Note : Au lieu de confectionner soi-même les pensées, on peut acheter des fleurs artificielles.)

TECHNIQUES EMPLOYÉES
- Point couché
- Fleurs en rubans
- Fronces
- Colorer des rubans
- Apprêter des rubans

RÉALISATION
1 Coupez des cercles de 39 cm de diamètre : quatre dans le tissu lavande, et deux dans la ouatine.

Coupez trois bouts de ruban lavande clair : un de 57 cm, un de 1,14 m et un de 1,71 m.

Coupez trois bouts de ruban blanc (ou vert très pâle) : un de 29 cm, un de 86 cm et un de 1,43 m.

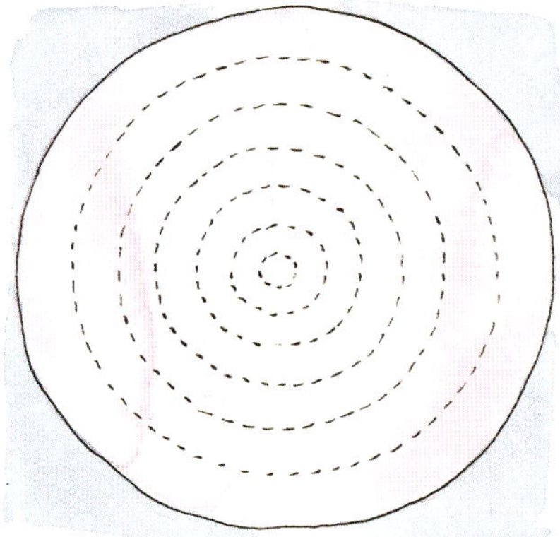

2 Sur l'endroit de l'un des cercles de tissu, tracez des cercles concentriques au crayon ou au feutre évaporable (voir croquis ci-dessus).

3 Fermez en boucle chacun des six rubans, en les pliant en deux, endroit contre endroit, et en faisant une piqûre à 1 cm du bord. Ouvrez les coutures et repassez-les.

4 Passez un fil de fronce tout au long de l'un des côtés de chaque ruban, au ras de la lisière. Froncez les rubans jusqu'à ce que chacun d'eux ait la dimension approximative du cercle tracé sur le tissu auquel il est destiné.

5 Prenez le ruban lavande qui doit être placé sur le cercle le plus grand. Épinglez-le sur le tissu, bâtissez-le en répartissant les fronces, puis cousez-le.

6 Procédez de la même manière avec chaque ruban, en alternant un lavande et un blanc (ou vert très pâle). Veillez à ce que chaque ruban recouvre la ligne de couture du ruban précédent. Ôtez les fils de fronce.

7 Découpez un cercle de velours blanc pour recouvrir le sommet du tissu. Amidonnez-en le périmètre afin qu'il ne s'effiloche pas. Cousez-le au sommet de la housse par quelques points au centre.

8 Placez ce cercle de rubans froncés sur l'un des cercles de ouatine, l'envers du tissu contre celle-ci. Recouvrez l'ensemble dans l'ordre suivant : un cercle de tissu lavande, l'envers vers vous, un cercle de ouatine, un cercle de tissu lavande, l'endroit vers vous, un dernier cercle de tissu lavande, l'envers vers vous. Épinglez l'ensemble, bâtissez-le, puis cousez-le, en piquant à travers toutes les épaisseurs, à 1,5 cm du bord. Laissez une ouverture de 25 cm. Ouvrez les coutures et repassez-les. Coupez les cercles de ouatine au ras des coutures. Égalisez et surfilez les coutures. Retournez la housse sur l'endroit.

9 Repliez les bords de l'ouverture à l'intérieur, par-dessus l'épaisseur de ouatine, et cousez-les à points couchés sur le cercle intérieur de tissu lavande, afin que la fente soit nette et proprement ourlée.

10 Suivez les explications suivantes pour réaliser le bouquet de pensées, ou bien achetez un bouquet de fleurs artificielles et cousez-le solidement au centre du cercle de velours blanc.

Confectionner le bouquet de fleurs

1 Passez une couche d'amidon ou de colle à tissu sur l'envers des rubans de velours blanc et de de coton vert. Laissez sécher.

2 Agrandissez le patron ci-dessous à 111%. En vous référant à lui et à la photographie de la page 59, dessinez le contour des pétales sur l'envers du ruban de velours blanc, et le contour des feuilles et des calices sur l'envers du ruban de coton vert. Pour chaque pensée, il faut trois pétales A, deux pétales B et un calice ; pour le bouton de fleur, il faut un pétale et un calice ; pour le bouquet, il faut trois feuilles en tout. Découpez les calices. Collez un bout de fil de fer au dos de chaque feuille et de chaque pétale. Laissez sécher. Découpez les pétales et les feuilles.

3 Marquez les nervures des feuilles avec la pointe des ciseaux.

4 Coupez un bout de fil de fer pour chaque tige, et fixez un cœur au bout. Appliquez une fine couche de colle épaisse sur l'envers des bouts de ruban de coton vert, et enroulez-en un autour de chaque tige. Placez les trois pétales A autour de la tige, puis les deux pétales B, en laissant le cœur dépasser légèrement de l'ensemble.

5 Coupez les fils de fer des pétales à des longeurs différentes, de façon qu'ils ne se rejoignent pas tous au même endroit de la tige. Encollez un bout de ruban vert et enroulez-le

autour de la tige, en englobant les fils de fer des pétales. Continuez à l'enrouler tout au long de la tige, et placez les feuilles de la même manière, aux endroits désirés (reportez-vous à la photographie de la page 59 pour choisir leurs emplacements).

6 Collez un calice à la base de chaque fleur.

7 Pour réaliser un bouton de fleur, enroulez autour d'une tige un pétale A en forme de cornet. Fixez-le en recouvrant la tige d'un deuxième ruban de coton vert, puis collez un calice à la base, comme décrit à l'étape 5.

8 Arrangez les pensées ainsi réalisées en bouquet, en façonnant délicatement leurs tiges.

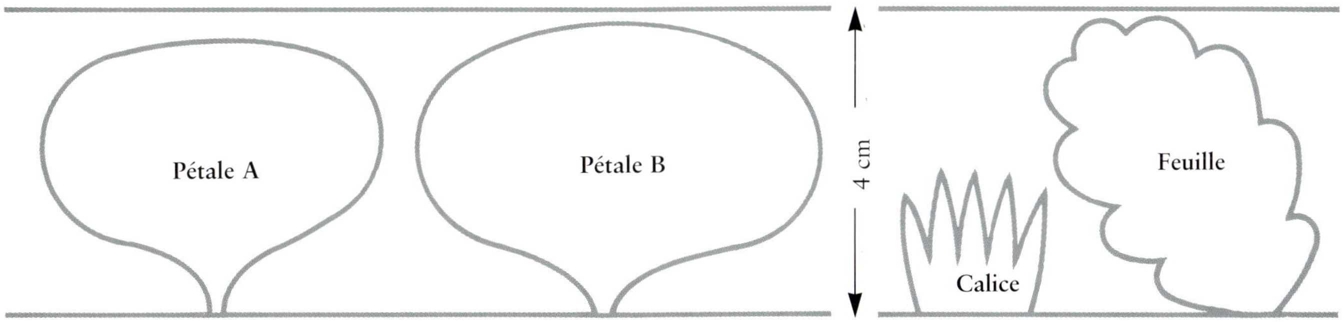

Les oreillers et les coussins

L'oreiller tissé

Les brodeuses de l'époque victorienne utilisaient les rubans de bien des façons. Par exemple, elles pouvaient les tisser sur d'autres étoffes pour obtenir un effet de broderie. De nombreuses dentelles, dont les jours sont réguliers, se prêtent particulièrement bien à ce travail de tissage. Cet oreiller a été confectionné avec de précieuses chutes de dentelle, de coton et de linon, que les lavages successifs ont rendus exquisement doux.

Bien que cet oreiller puisse paraître fragile, il a été réalisé avec des rubans synthétiques modernes qui supporteront un usage intensif. Les débutants auront plus de facilité à travailler avec ces rubans qu'avec ceux de soie, plus fins et plus souples. La relative rigidité des rubans synthétiques les rend plus simples à manipuler pendant le tissage, ce qui est est un avantage important quand on réalise un motif géométrique comme celui présenté ici. Pour obtenir un treillage bien dessiné, il faut veiller à ce que les rubans soient toujours bien à plat pendant le tissage.

J'ai choisi du ruban de satin vert tilleul pour rehausser le traditionnel motif de trèfle de la dentelle. Le ruban peut être tissé de différentes manières, selon la disposition des jours dans la dentelle, mais le résultat sera toujours ravissant.

Vous pouvez glisser un coussin dans la housse avant le tissage des rubans. L'ensemble constituera une assise de travail parfaite, doucement molletonnée et donnant au tissu la tension nécessaire à un travail régulier. Lors de l'achat des fournitures pour cet ouvrage, assurez-vous que les jours de la dentelle sont de la même largeur que les rubans, de façon que ceux-ci puissent s'y déployer, tout en étant suffisamment maintenus pour ne pas se distendre au fil du temps.

À gauche : Des rubans contemporains, aux nuances tendres et dégradées, tissent un motif très frais sur cet oreiller recouvert de dentelle.

Le coussin brodé

À la fin du XIXe siècle, la broderie avec des rubans, aussi connue sous le nom de broderie « rococo », était une manière particulièrement populaire de décorer napperons et chemins de table. Voici un ouvrage très représentatif de cette mode, un grand napperon brodé, que j'ai trouvé dans un magasin d'antiquités de Londres. J'ai pensé que ce pourrait être un cadeau parfait pour une amie qui adore les étoffes anciennes.

Sans toucher à la broderie d'origine, je l'ai transformé en un coussin moiré de dimensions confortables, bordé de délicates franges ton sur ton. Comme les napperons occupent déjà toutes les surfaces disponibles dans les maisons des collectionneurs d'étoffes, une nouvelle manière d'exposer sa dernière acquisition est toujours la bienvenue.

L'harmonie des rubans bouton-d'or, jaune citron, vert tilleul et vert vif, brodés sur un fond crème, crée un motif aussi frais qu'un pré fleuri. Et, comme dans un véritable pré, couleurs et textures sont tellement bien assorties que les différents éléments du motif se fondent, et qu'il n'est pas possible de les distinguer les uns des autres sans les regarder de très près. Pour obtenir un résultat aussi réaliste, choisissez des rubans et des fils de coloris très proches.

Quelques touches de broderie au point de nœud et au passé plat, travaillée avec un seul brin de fil brillant, enrichissent le motif sans pour autant éclipser la délicate composition de rubans. Le fil d'or d'origine, cousu à petits points pour former les tiges, a viré au noir terne. Pour donner un air raffiné et plus ancien à votre ouvrage, remplacez les fils dorés conseillés par des fils dorés chinés de noir.

À DROITE : *Découvert dans un magasin d'antiquités anglais sous sa forme originelle de napperon, ce rectangle de taffetas moiré, brodé de rubans, s'est transformé en un grand et confortable coussin.*

Niveau de difficulté
Moyen

Dimensions du coussin terminé
50 x 70 cm (franges comprises)

Rubans
Du ruban de soie dégradé de vert très pâle à blanc en 3,5 mm de largeur

Du ruban de soie vert sapin foncé dégradé en 4 mm de largeur

Du ruban de soie jaune-vert pâle dégradé en 4 mm de largeur

Du ruban de soie jaune d'or dégradé en 3,5 mm de largeur

Du ruban de soie jaune pâle dégradé en 4 mm de largeur

Matériel
Une aiguille chenille (pour les rubans), et une aiguille à broder fine (pour le fil à broder)

Tissus
Deux rectangles de taffetas moiré crème de 73 x 53 cm chacun

Divers
Du fil métallisé épais DMC or foncé et du fil métallisé fin DMC or clair (article 282)

Du fil à broder Mouliné DMC 437 (ocre jaune), utilisé brin par brin

Du fil à broder Mouliné DMC 3078 (jaune très pâle), utilisé brin par brin, ou du fil à broder de soie du même coloris

Du fil à broder Mouliné DMC 972 (jaune d'or), utilisé brin par brin, ou du fil à broder de soie du même coloris

Du fil à broder Mouliné DMC 3045 (bronze), utilisé brin par brin, ou du fil à broder de soie doré

2,50 m de galon frangé crème en 2,5 cm de largeur

Un coussin de 50 x 70 cm

Du fil à coudre de polyester DMC assorti au taffetas et au galon frangé

Techniques employées
- Passé plat
- Point lancé
- Point de nœud
- Point couché

Réalisation
1 Repassez le taffetas moiré sur l'envers, avec une pattemouille.

2 Reproduisez le motif sur l'endroit de l'un des rectangles de taffetas.

Broderie couchée

3 À travers l'histoire de la broderie, la broderie couchée a été utilisée pour deux raisons principales : soit lorsque le fil, trop épais, ne pouvait pas être facilement cousu à travers le tissu sans détendre celui-ci, soit – comme sur de nombreuses pièces destinées au culte semblables à celle présentée ici – pour économiser les fils d'or et d'argent. En effet, il est évident que l'on utilise beaucoup moins de fil en le couchant sur une seule des faces du tissu.

Pour broder les tiges réalisées en fil métallisé DMC en les couchant, procédez comme suit. Coupez un brin de fil métallisé DMC or foncé ou or clair, à peu près à la longueur définitive de la tige dessinée sur le tissu. Enfilez-le sur une aiguille adaptée à son épaisseur, et amenez-le sur l'endroit du tissu, au début de la tige que vous souhaitez broder.

4 Enfilez un seul brin de Mouliné DMC 3045 sur une fine aiguille à broder. Fixez solidement le fil métallisé DMC à sa place, en faisant de tout petits points sur toute sa longueur.

5 Brodez les petits cercles et leurs tiges au passé plat (voir le chapitre Avant de commencer, page 18), avec un seul brin de Mouliné DMC.

6 Brodez les fleurs en rubans au point lancé (voir page 19), en commençant par les pétales les plus grands. Brodez ensuite par-dessus les cercles de petits pétales, toujours au point lancé.

7 Brodez les feuilles en rubans au point lancé. Veillez à ce que les rubans soient toujours à plat et se déploient bien sur le tissu.

8 Brodez les cœurs des fleurs au point de nœud, avec du Mouliné DMC.

9 Placez les deux rectangles de taffetas l'un sur l'autre, endroit contre endroit. Épinglez-les, bâtissez-les, puis piquez les quatre côtés à 1,5 cm des bords.
Laissez une ouverture suffisamment grande pour pouvoir y entrer le coussin. Ouvrez les coutures, puis repassez-les.

10 Retournez la housse sur l'endroit et glissez le coussin à l'intérieur. Fermez l'ouverture à points couchés.

11 Si vous voulez enlever facilement le coussin, afin de laver la housse, retournez deux fois sur eux-mêmes les bords de l'ouverture et ourlez-les à points couchés. Cousez des boutons-pression ou des bandes de tissu agrippant pour fermer la housse.

12 Cousez le galon frangé à points couchés tout autour du coussin, en le retournant soigneusement sur lui-même à chaque extrémité.

ADAPTER LE MOTIF À D'AUTRES OUVRAGES

Les mêmes fleurettes, disséminées sur une taie d'oreiller, ferait un motif délicieusement printanier. Pour une parure de lit sophistiquée, choisissez des rubans blancs à broder sur du lin blanc. Comme les taies d'oreiller nécessitent de fréquents lavages, il est préférable d'utiliser des rubans de coton ou de rayonne, car ceux de soie ne résisteraient pas longtemps.

LÉGENDE

Fil ou ruban/point employé

- Ruban dégradé/point lancé
- DMC 972/passé plat
- DMC 972 et 3078/passé plat
- Fil métallisé fin DMC/couché
- Ruban dégradé/point lancé
- DMC 437/point de nœud
- Fil métallisé épais DMC
- Ruban dégradé/point lancé
- Ruban dégradé/point lancé
- Ruban dégradé/point lancé

Les coussins galonnés

J'ai trouvé ces jolis coussins sur un marché à la brocante, dans le Wiltshire, en Angleterre. J'ai été attirée par leurs coloris raffinés et leurs bordures de rubans. Bien que réalisés dans du tissu moderne, ils ne déparaient pas le canapé Régence et sa soie damassée d'époque sur lequel ils étaient disposés. Il n'est pas toujours judicieux d'utiliser des étoffes anciennes comme tissus d'ameublement. En effet, leur fragilité peut tout simplement ne pas résister à un usage quotidien.

Vous découvrirez ici comment personnaliser des coussins neufs grâce à d'ingénieux galons de ruban. C'est une manière simple de rehausser des tissus modernes destinés à un intérieur de style.

Il est très satisfaisant de fabriquer ses propres galons. J'ai admiré des galons similaires à ceux-ci, bouillonnés ou tressés avec recherche, dans une boutique spécialisée, mais leur prix en interdisait l'usage pour des ouvrages un tant soit peu grands. Il est excitant de créer quelque chose d'aussi spectaculaire avec juste quelques mètres de ruban de satin bon marché, et un peu de travail. En appliquant les techniques de base à des rubans de différentes largeurs, couleurs et textures, vous serez bientôt capable de réaliser des galons pour border toutes sortes d'objets.

Bien que complexes en apparence, ces galons sont simples et rapides à réaliser, ce qui en fait un ouvrage idéal pour les débutants.

À gauche et ci-dessus : *Des rubans tressés ou bouillonnés soulignent avec bonheur des coussins tout simples. Complexes en apparence, ces galons sont faciles et rapides à réaliser.*

Les coussins galonnés

J'ai trouvé ces jolis coussins sur un marché à la brocante, dans le Wiltshire, en Angleterre. J'ai été attirée par leurs coloris raffinés et leurs bordures de rubans. Bien que réalisés dans du tissu moderne, ils ne déparaient pas le canapé Régence et sa soie damassée d'époque sur lequel ils étaient disposés. Il n'est pas toujours judicieux d'utiliser des étoffes anciennes comme tissus d'ameublement. En effet, leur fragilité peut tout simplement ne pas résister à un usage quotidien. Vous découvrirez ici comment personnaliser des coussins neufs grâce à d'ingénieux galons de ruban. C'est une manière simple de rehausser des tissus modernes destinés à un intérieur de style.

Il est très satisfaisant de fabriquer ses propres galons. J'ai admiré des galons similaires à ceux-ci, bouillonnés ou tressés avec recherche, dans une boutique spécialisée, mais leur prix en interdisait l'usage pour des ouvrages un tant soit peu grands. Il est excitant de créer quelque chose d'aussi spectaculaire avec juste quelques mètres de ruban de satin bon marché, et un peu de travail. En appliquant les techniques de base à des rubans de différentes largeurs, couleurs et textures, vous serez bientôt capable de réaliser des galons pour border toutes sortes d'objets.

Bien que complexes en apparence, ces galons sont simples et rapides à réaliser, ce qui en fait un ouvrage idéal pour les débutants.

À GAUCHE ET CI-DESSUS : Des rubans tressés ou bouillonnés soulignent avec bonheur des coussins tout simples. Complexes en apparence, ces galons sont faciles et rapides à réaliser.

Le galon tressé

Niveau de difficulté
Débutant

Dimensions du galon terminé
2 cm de largeur

Rubans
Du ruban de satin gris argent, double face, en 7 mm de largeur et d'une longueur équivalente à neuf fois le périmètre du coussin, plus 25 cm pour pouvoir fixer les extrémités

(Note : Un coussin carré de 40 cm nécessitera 14,65 m de ruban.)

Matériel
Une aiguille à coudre moyenne

Divers
Un coussin recouvert de brocart

Du fil à coudre DMC assorti au ruban

Techniques employées
- Point couché
- Tresse

Réalisation
1 Pliez le ruban en deux et marquez-en le milieu en le pinçant légèrement.

2 Disposez le ruban sur le plan de travail, les extrémités déployées vers vous, le centre du ruban en face de vous, un peu plus loin.

3 Prenez l'extrémité droite du ruban dans votre main droite et passez-la par-dessus l'extrémité gauche, de façon à former une boucle. Pendant toute la réalisation du galon, les deux pans du ruban doivent rester à plat. C'est ce qui donnera un effet de tresse, alors qu'on laisserait les rubans s'enrouler si l'on voulait créer un effet de torsade.

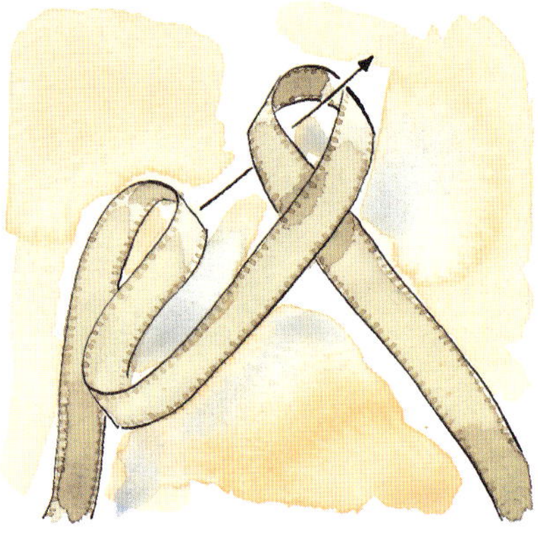

4 Faites une boucle avec l'extrémité qui est maintenant à gauche (voir croquis ci-dessus).

5 Introduisez l'extrémité de cette boucle dans la première, de l'arrière vers l'avant.

6 Tirez doucement sur l'extrémité droite du ruban, jusqu'à ce que la première boucle soit suffisamment serrée autour de la deuxième pour la maintenir. Ne serrez pas trop pour ne pas faire de fronces. Vous obtenez une boucle au sommet.

7 Formez une boucle avec l'extrémité droite du ruban, et introduisez-la dans la boucle du sommet. Tirez doucement l'extrémité gauche du ruban pour maintenir la nouvelle boucle en place.

8 Répétez les étapes 5 et 6, en faisant alternativement des boucles à droite et à gauche.

Continuez jusqu'à ce que le ruban soit entièrement tressé. Veillez à maintenir en permanence une tension régulière et assurez-vous que les rubans restent toujours bien à plat, sans s'enrouler sur eux-mêmes ni faire de fronces.

Finitions
9 Dissimulez les extrémités du ruban en les glissant à l'intérieur de la tresse. Fixez-les à petits points.

10 Le galon obtenu est très souple, et donc parfait pour border des lignes courbes. Placez le galon tout autour du coussin, en démarrant au milieu de l'un des côtés plutôt qu'à un coin.

11 Cousez le galon à points couchés sur toute sa longueur, en dissimulant les points à l'intérieur de la tresse.

Le galon bouillonné

Niveau de difficulté
Débutant

Dimensions du galon terminé
2 cm de largeur

Rubans
Du ruban de satin double face :
Vert tilleul en 20 mm de largeur, d'une longueur égale à quatre fois le périmètre du coussin plus 12 cm

Gris argent en 10 mm de largeur, d'une longueur égale à quatre fois le périmètre du coussin plus 12 cm

Vert tilleul en 3 mm de largeur, d'une longueur égale au périmètre du coussin plus 3 cm

(Note : Un coussin carré de 40 cm nécessitera 6,60 m de ruban vert tilleul en 20 mm et gris argent en 10 mm, et 1,65 m de ruban vert tilleul en 3 mm.)

Matériel
Une aiguille à coudre moyenne

Divers
Un coussin recouvert de brocart

Du fil à coudre DMC vert tilleul assorti au ruban

Techniques employées
- Point couché
- Bouillonné

Réalisation
1 Placez le ruban gris argent au centre du ruban vert tilleul en 20 mm de largeur, et faites une piqûre au milieu, à la main ou à la machine, sur toute sa longueur.

2 Façonnez des plis ronds, en faisant plusieurs essais pour trouver la taille de pli qui convient bien à la largeur du ruban. Lorsque vous maîtrisez bien la technique, plissez toute la longueur de ruban en faisant une piqûre à la main, à points arrière, pour fixer les plis.

3 Placez le ruban en 3 mm de largeur au centre du ruban plissé.

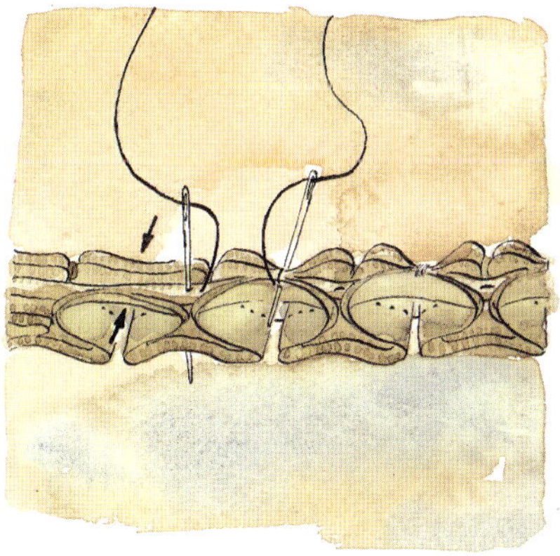

4 Cousez-le comme suit. Piquez l'aiguille à travers les trois épaisseurs de ruban, et amenez-la sur l'endroit, au centre du premier pli. Pincez ensemble les deux lisières du ruban en 20 mm de largeur et assemblez-les par deux petits points de surjet. Piquez l'aiguille à travers ces points et les trois épaisseurs de ruban, et ramenez-la sur l'envers. Veillez à ce que le pli conserve sa hauteur.

5 Amenez l'aiguille sur l'endroit, entre le pli précédemment pincé et le suivant, en piquant à travers les trois épaisseurs de ruban. Faites un petit point arrière. Répétez les étapes 3 et 4 tout au long du ruban.

6 En démarrant au milieu de l'un des côtés, cousez à la main le galon bouillonné tout autour du coussin. Ne piquez que dans le ruban en 20 mm de largeur, en veillant à ce que la couture ne soit pas visible sur le dessus du galon.

7 Quand les deux extrémités du galon se rejoignent, repliez-les soigneusement sur elles-mêmes, et cousez-les sur le coussin. Faites quelques points pour réunir les deux extrémités entre elles.

(Note : Ce galon présente un bouillonné délicieusement exubérant qu'il vaut mieux ne pas repasser.)

Finitions
Pour une finition spectaculaire et très kitsch, on peut ajouter de toutes petites perles de rocaille à la fin de l'étape 4. Ces petites perles brillantes reflètent la lumière au sommet de chaque pli, produisant un effet féerique.

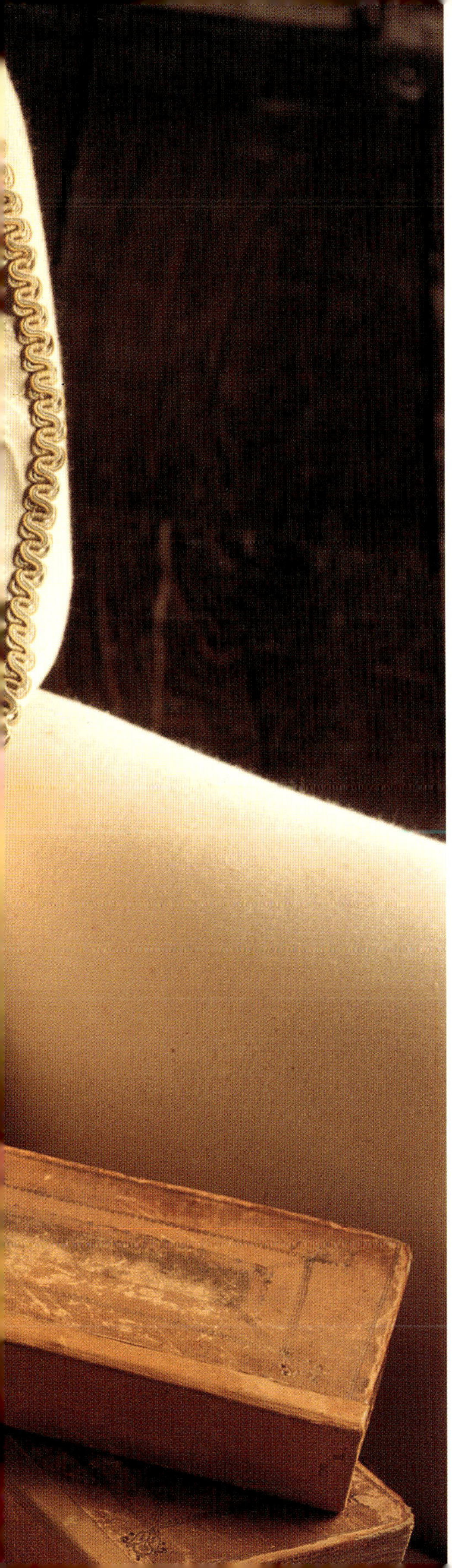

Le repose-tête

La broderie destinée au culte a longtemps été une mine d'or d'ouvrages hautement élaborés. Cette pièce, brodée de rubans datant du XIXe siècle, provient d'un vêtement sacerdotal dont la partie principale était depuis longtemps endommagée. La broderie, bien trop belle pour être mise au rebut, a été montée sur une doublure de tissu solide, elle est devenue un repose-tête magnifiquement orné.

Depuis le Moyen Âge, beaucoup de gens ont cru que faire des dons à l'Église leur permettrait de gagner facilement le paradis. Il est indéniable que la facture de certains ouvrages religieux est tout à fait exempte de défauts, et peut-être cette croyance explique-t-elle l'incroyable méticulosité apportée à la broderie de ce repose-tête.

Les points qui couchent les fils métallisés sont si minuscules qu'ils sont invisibles à l'œil nu. Pour les distinguer, une loupe puissante a été nécessaire et, même ainsi, les points sont si petits et si soignés qu'on les discerne à peine. Après un examen minutieux, on peut réellement dire qu'il n'y en a pas un seul qui ne soit à sa place. Il s'agit là d'un modèle saisissant d'habileté et de patience.

Le motif complet est reproduit dans les pages suivantes. Le dessin floral est vraiment joli, et pourrait être adapté à d'autres ouvrages, autour d'une embrasse ou sur un chemin de table, par exemple. La broderie des rubans en elle-même prend relativement peu de temps, et les contours de fil métallisé la rehaussent richement. Si vous souhaitez un ouvrage plus sobre et plus rapide à réaliser, vous pouvez ne pas utiliser ce fil.

À gauche : Des trésors d'habileté sont déployés sur cet ouvrage très complexe. Atteindre à l'époustouflante qualité de l'original est un défi à relever par une personne maîtrisant très bien les travaux d'aiguille.

NIVEAU DE DIFFICULTÉ
Expérimenté

DIMENSIONS DU REPOSE-TÊTE TERMINÉ
Environ 56 x 61 cm

RUBANS
Du ruban de soie vert dégradé en 3 mm de largeur, pour les feuilles

Du ruban de soie rose dégradé en 3 mm de largeur, pour les fleurs

Un peu de ruban de soie jaune uni en 3 mm de largeur, pour le cœur des fleurs

MATÉRIEL
Une aiguille chenille pour broder les rubans ; une aiguille à broder fine pour broder les fils et les paillettes

TISSUS
Environ 59 x 64 cm de soie damassée ivoire

Environ 59 x 64 cm de tissu ivoire lourd pour la doublure

DIVERS
Des paillettes dorées de deux diamètres différents

Environ 2,50 m de galon plat tressé couleur vieil or, pour la bordure

Du ruban métallisé doré en 5 mm de largeur

Du fil doré un peu épais

Du fil métallisé DMC or clair chiné d'argent (article 276)

Du fil métallisé DMC or mi-fin (article 280)

Du fil à broder Mouliné DMC 3713 (rose pâle)*

Du fil à broder Mouliné DMC 3013 (vert-jaune)*

* Travaillez tous les coloris en n'utilisant que deux brins de Mouliné DMC

Du fil à coudre DMC : vert foncé, bordeaux, écru et doré

TECHNIQUES EMPLOYÉES
- Point couché
- Broder des rubans

RÉALISATION
1 Repassez le tissu et reportez-y le motif. Vous trouverez dans les pages suivantes les patrons du motif floral (à répéter sur chaque côté du repose-tête) et du motif central. Réduisez-les à 75 % avant de les transférez sur le tissu. Référez-vous au croquis de la page 80 pour positionner correctement les différents motifs sur le tissu.

2 Placez les fils métallisés en broderie couchée (voir page 71), à l'exception de ceux qui entourent les fleurs et les feuilles en ruban. Brodez les éléments indiqués sur les patrons en Mouliné DMC et en fil à coudre DMC.

Note : Le contour intérieur dessiné en vert sur le motif central, page 83, est réalisé au point de tige avec deux brins de Mouliné DMC 3013 (vert-jaune). C'est le même Mouliné DMC qu'il faut utiliser pour broder l'intérieur de la base des mitres, au passé plat en relief (pour obtenir un effet de relief, remplissez le motif de petits points lancés avant de le recouvrir).

3 Brodez les rubans.

4 Placez les fils métallisés en broderie couchée autour des rubans brodés.

5 Cousez les paillettes avec le fil à coudre DMC écru. Afin qu'elles soient solidement fixées, sur le dessus de chacune, piquez l'aiguille à travers un petit bout de fil doré épais avant de la tirer sur l'envers.

6 Tracez le contour du repose-tête sur la soie, en positionnant le motif bien au milieu. Découpez à 1,5 cm de ce contour. Taillez une forme identique dans le tissu de doublure.

7 Sur chacune des deux formes, repliez les réserves de 1,5 cm sur l'envers, puis donnez un léger coup de fer à repasser. Placez la soie sur la doublure, envers contre envers, et assemblez-les à points couchés.

8 Cousez le galon tressé tout autour du repose-tête, en retournant soigneusement les extrémités sur elles-mêmes.

Note : Une fois terminé, ce repose-tête est un ouvrage précieux qu'il vaut mieux confier au teinturier ou bien laver à la main, avec un savon doux. Lisez bien les conseils d'entretien fournis avec les fils et les rubans métallisés, afin que ceux-ci ne puissent pas être endommagés par un détachant ou une lessive inadéquats.

Légende

Fil ou ruban/point employé

- Paillettes dorées (2 diamètres)
- Fil métallisé DMC Art. 276
- Ruban métallisé doré 5 mm
- Fil doré épais
- Fil métallisé DMC Art. 280
- Ruban dégradé
- Ruban jaune uni
- Ruban dégradé
- Ruban p. 82 ou DMC 3013 p. 83
- Fil à coudre/point de chaînette
- DMC 3713/point de tige
- Ruban dégradé

Le dessus de chaise tressé

Ouvrage par essence populaire, ce ravissant coussin de chaise évoque bien la vie des pionniers. Ceux-ci, ne disposant pas de grand-chose pour décorer leurs maisons, récupéraient tous les bouts de tissu qu'ils pouvaient trouver. Si un vêtement survivait à sa première affectation, il était retaillé et transmis au suivant de la famille. On conservait scrupuleusement toutes les chutes de tissu usé pour en tresser des couvertures ou des coussins de chaise.

Certains ouvrages étaient minutieusement conçus, avec, par exemple, des coloris allant en dégradé du centre vers les bords. Mais ce coussin doit son motif à de banales contingences économiques : on s'est servi de tout ce qui tombait sous la main, au fur et à mesure de sa réalisation. Beaucoup de rubans entrent dans sa composition, ce qui est inhabituel. C'est un ouvrage parfait pour utiliser tous ces bouts de ruban et de galon que vous ne vous résignez jamais à jeter. Velours, gros-grain, satin, lin, coton et rayonne, tous y feront leur apparition. Pour équilibrer quand même la tonalité générale, tressez toujours ensemble un ruban clair, un ruban de ton moyen et un ruban sombre.

Les tresses ont été quelque peu maladroitement cousues les unes aux autres ; c'est une méthode authentique, mais que je ne vous recommande pas ! On obtient un résultat plus solide en surjetant les tresses, et cette technique a l'avantage de rendre le coussin réversible puisque aucun fil n'apparaît à la surface. Ce coussin a été cousu avec du fil enduit, mais du fil de soie sera mieux adapté à la finesse des rubans. Pour un ouvrage de plus grandes dimensions, on peut employer des rubans de laine.

À GAUCHE : Des bouts de ruban de toutes les textures et de toutes les couleurs composent un charmant motif irrégulier sur ce coussin de chaise tressé.

NIVEAU DE DIFFICULTÉ
Moyen

DIMENSIONS DU DESSUS DE CHAISE TERMINÉ
38 x 40,5 cm

RUBANS
Il vous faut au total environ 50 m de rubans en 5 cm de largeur : rayonne, gros-grain, velours, coton, satin, viscose

Note : Il est aussi possible d'employer des rubans de laine pour réaliser un ouvrage plus grand, de la dimension d'un petit tapis. On tressait autrefois beaucoup de grandes couvertures avec des bandes déchirées dans de vieux vêtements. On peut confectionner des couvertures d'épaisseur satisfaisante dans des lainages moyens ou lourds. Avant de recycler de vieux vêtements, défaites les coutures, décousez les doublures, les fermetures à glissière, les poches, etc. Laissez-les sécher à l'air. N'utilisez pas de séchoir à linge car certains de ces lainages d'occasion risqueraient de feutrer. (Regardez le tissu en pleine lumière pour détecter les trous de mites et les accrocs, et rejetez toutes les zones abîmées.)

MATÉRIEL
Des épingles de nourrice

Une aiguille à tapisserie à bout rond

Une aiguille à coudre moyenne

Des épingles

Trois guide-tresse*

Un petit serre-joint*

* Facultatif

DIVERS
Du fil à coudre DMC de couleur neutre

TECHNIQUES EMPLOYÉES
- Point couché
- Tresse
- Point de surjet

RÉALISATION
1 Triez les rubans en trois groupes : les tons clairs, les tons moyens et les tons foncés. Utilisez un ruban de chaque catégorie pour tresser.

2 Il est commode de tresser avec des bandes de 3 m environ. Si vous devez en assemblez plusieurs pour obtenir cette longueur, faites-le en biais, comme indiqué ci-dessous.

La couture en biais
Placez deux bandes l'une sur l'autre, à angle droit, endroit contre endroit. Assemblez-les en faisant une piqûre en diagonale. Vous pouvez coudre à la main, mais le travail à la machine donnera plus de solidité au coussin. Assemblez des rubans de longueurs légèrement différentes, de façon que, une fois les bandes assemblées, les coutures ne se retrouvent pas côte à côte, ce qui ferait des bosses disgracieuses.

La préparation des bandes
3 La qualité du tressage réside dans le bon pliage des bandes. Il faut que chacune d'elles soit soigneusement pliée, avec les bords dissimulés à l'intérieur. Bien que ce pliage puisse être fait au fur et à mesure du tressage, il est recommandé aux débutants de l'effectuer au préalable.

A. Le pliage préalable
Rabattez les bords de chaque bande vers le centre, sur toute la longueur. Pliez encore les bandes en deux : elles sont à présent constituées de quatre épaisseurs. Il est très important de bien marquer les plis, mais sans les repasser, car cela tasserait trop les bandes. Toutefois, si vous travaillez avec des bandes de lainage lourd ou de tissu épais, vous pouvez leur donner un léger coup de fer. Si vous travaillez avec des rubans, épinglez les plis, puis bâtissez-les.

B. Le pliage et le tressage simultanés
La façon la plus simple de plier des bandes, au fur et à mesure de leur tressage, est d'utiliser des guide-tresse. Il s'agit d'appareils vraiment pratiques, bien qu'on ait du mal à les trouver en magasin. Ils sont identiques aux appareils destinés à la confection de biais, mais acceptent de plus grandes largeurs d'étoffe. Ces outils bien commodes ont été fabriqués pour permettre le pliage automatique de bandes de tissu pendant leur tressage. S'il ne vous est pas possible de vous en procurer un, essayez de travailler avec un guide-biais. Choissez-en d'une taille adaptée à la largeur du ruban, de façon que celui-ci glisse facilement dans les fentes. Il vous faut un guide par bande de tissu. Placez chaque bande dans un guide, et faites coulisser les guides le long des rubans au fur et à mesure que vous tressez.
Si vous avez choisi le pliage préalable, enroulez chaque bande en une bobine bien serrée, pour conserver le pliage. Humectez-les en trempant rapidement chacune de leurs faces dans une soucoupe remplie de 3 mm d'eau. Essuyez-les sur une serviette de toilette, puis laissez-les sécher dans un endroit chaud. Fixez chaque bobine avec une épingle de nourrice.

4 Déroulez environ 1 m de bande sur chacune des trois bobines, et fixez le reste avec l'épingle. Dépliez le premier pli sur l'une des extrémités de deux des bandes. Assemblez-les par une couture en biais.

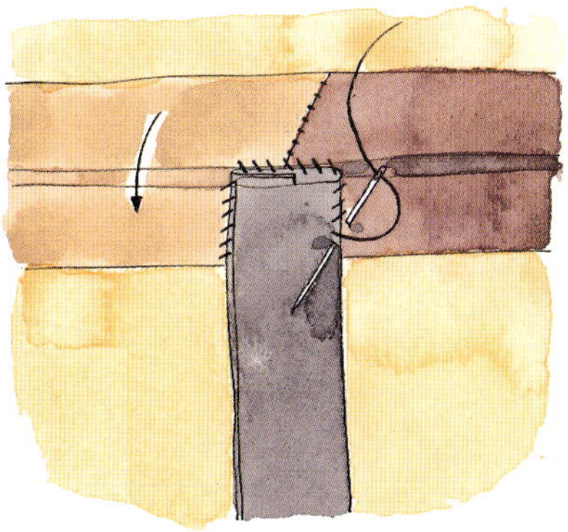

5 Placez les deux bandes assemblées, à moitié dépliées, l'envers vers vous. Placez l'extrémité de la troisième bande par-dessus, à cheval sur la couture en biais, l'ouverture sur la gauche : les trois bandes forment un T. Cousez soigneusement à points couchés. Repliez les bandes pour masquer ce nouvel assemblage.

6 Pour maintenir l'extrémité de la tresse pendant le travail, vous pouvez la punaiser sur une planche placée devant vous, ou la coincer dans un petit serre-joint. Commencez à tresser en faisant passer plusieurs fois consécutives la bande de droite sur celle du milieu, pour créer ce que l'on appelle un «tressage rectifié».

Le tressage rectifié

Il génère une boucle sur l'un des côtés de la tresse. Cela permet aux bandes de présenter un tressage régulier lorsqu'elles sont enroulées de façon très serrée, au centre de l'ouvrage, alors qu'un tressage normal les ferait s'entortiller. Pour réaliser un tressage rectifié, faites passer la bande de droite sur celle du centre, la bande qui se trouve à présent à droite sur la nouvelle bande du centre, la nouvelle bande de droite sur la nouvelle bande du centre, puis, une quatrième fois, la bande qui se trouve à présent à droite sur la nouvelle bande du centre. Placez la bande du centre sous les deux autres, et continuez en tressant de manière normale.

Différence entre tresse et torsade

Pendant le tressage, vos doigts restent bien droits devant vous pendant qu'ils manipulent les bandes de tissu, et celles-ci sont toujours bien à plat, formant une tresse plate. Lors de la réalisation d'une torsade, vous ployez vos poignets pour tourner les bandes qui forment alors une tresse en forme de corde. Pour obtenir un ouvrage régulier, veillez à ce que le bord ouvert des bandes soit toujours sur la gauche.

7 Après les douze tours de tressage rectifié destiné au centre de l'ouvrage, continuez à tresser selon la méthode normale.

Le tressage normal

Faites passer la bande de droite par-dessus la bande du centre, puis la

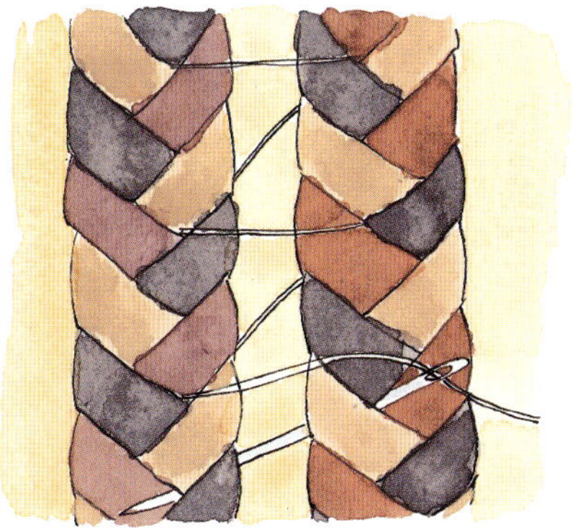

bande de gauche par-dessus la nouvelle bande du centre. Continuez toujours ainsi, en maintenant une tension régulière.

8 Lorsque la tresse mesure 1 m, enroulez-la sur elle-même en fixant les différents cercles concentriques entre eux (voir croquis ci-dessus). Placez les bords ouverts des bandes vers le centre de l'ouvrage. Enfilez du fil à coudre DMC sur une aiguille à tapisserie à bout rond. Surjetez les différents cercles en faisant passer l'aiguille par-dessus une bande, puis sous la première bande du cercle adjacent.

Effiler les extrémités

9 À environ 15 cm de la fin du coussin, il reste 50 cm de bandes. Dépliez-les. Coupez une entaille le long de chacune d'elles, en forme d'un triangle démarrant au centre de la base, et dont le sommet se situerait juste sous la fin du tressage, à une largeur égale à la moitié de la bande. Repliez les bandes, et continuez à surjeter la tresse.

10 Dissimulez les extrémités des bandes dans la tresse, en les plaçant à des longueurs différentes pour éviter de former une bosse. Cousez-les à points couchés.

Les accessoires et les cadeaux

Le panier orné de roses

Les roses en rubans ont été utilisées pour orner les vêtements et les tissus d'ameublement depuis l'époque victorienne. Une fois que vous aurez assimilé la technique de base, vous pourrez confectionner une multitude de roses, de tailles, de couleurs et de textures variées, pour apporter une touche romantique partout, du linge de maison aux chapeaux. Les quatre-vingt-dix petites roses d'organdi qui serpentent autour de ce panier de dentelle et de soie, ne sont pas toutes semblables, ce qui donne à l'ouvrage un splendide relief. Certains artisans se sont spécialisés dans la production en petites quantités d'adorables rubans teints à la main. Mais il est aussi très agréable de peindre ou de teindre soi-même ses rubans. Vous trouverez des explications à ce sujet dans le chapitre Avant de commencer, au début de ce livre, page 16. Les rubans teintés disponibles dans le commerce ont eux aussi des nuances charmantes.

Quand vous achèterez les rubans destinés à cet ouvrage, n'oubliez pas que c'est tout autant la diversité des textures que la délicatesse des coloris qui feront l'attrait de ce panier. Son anse est entourée d'un gros-grain d'allure rustique qui met encore plus en valeur la frivolité des roses. De la même façon, la transparence des rubans d'organdi est équilibrée par la brillance du satin qui suggère les feuilles.

À droite et ci-dessus : De minuscules roses d'organdi fleurissent ce panier décoratif et son anse recouverte de gros-grain. Chacune d'elles repose sur un étroit ruban de satin plié.

cresc.

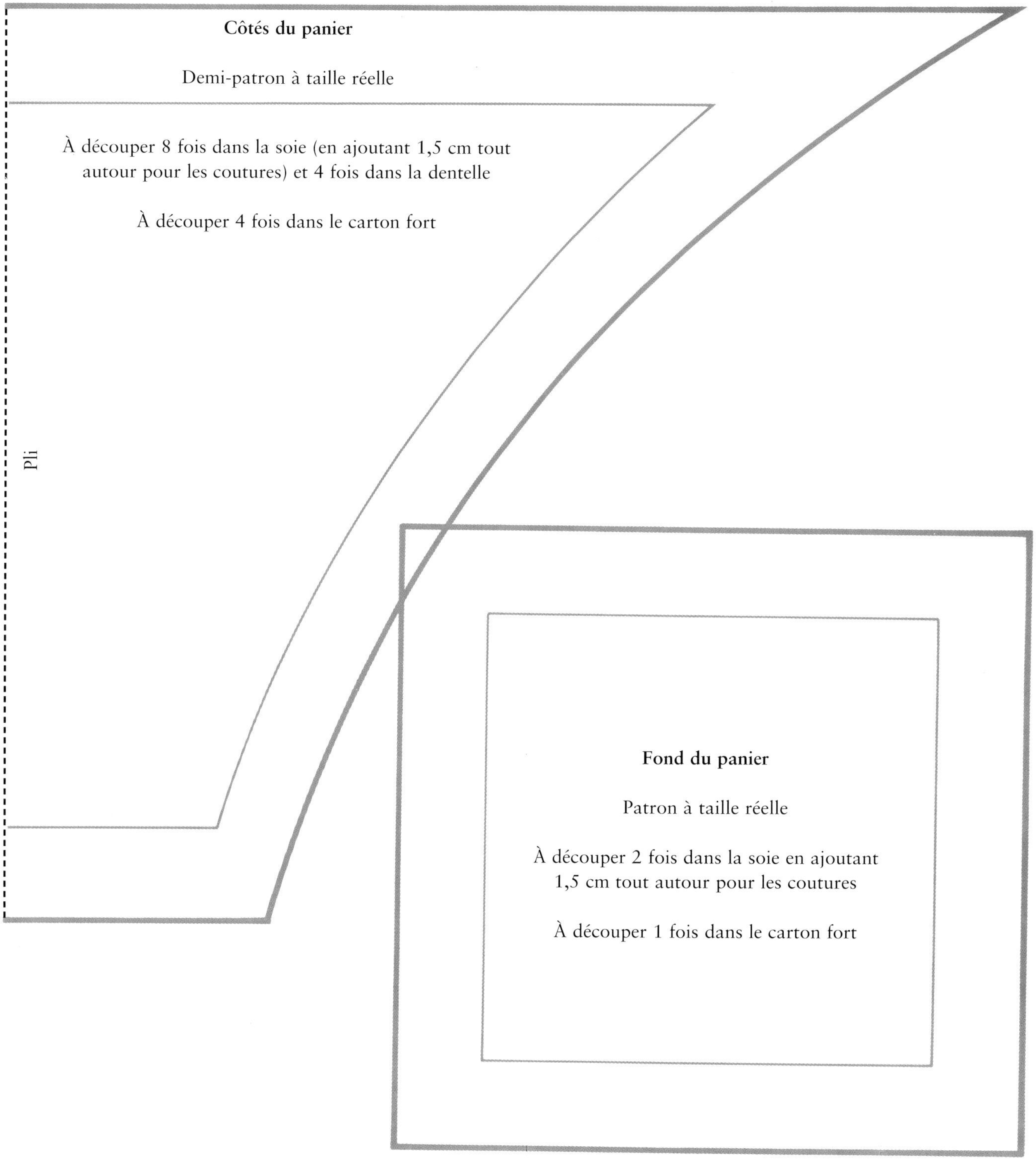
Côtés du panier
Demi-patron à taille réelle
À découper 8 fois dans la soie (en ajoutant 1,5 cm tout autour pour les coutures) et 4 fois dans la dentelle
À découper 4 fois dans le carton fort
Pli
Fond du panier
Patron à taille réelle
À découper 2 fois dans la soie en ajoutant 1,5 cm tout autour pour les coutures
À découper 1 fois dans le carton fort

NIVEAU DE DIFFICULTÉ Moyen

DIMENSIONS DU PANIER TERMINÉ
25 x 25 cm

RUBANS
1 m de gros-grain vert mat en 1,5 cm de largeur, pour envelopper l'anse et confectionner une rosette

Pour chaque rose : 7 cm de ruban d'organdi rose en 1 cm de largeur, et 6 cm de ruban de satin vert double face en 3 mm de largeur

MATÉRIEL
Une aiguille à coudre moyenne

TISSUS
115 x 60 cm de soie framboise

70 x 35 cm de dentelle, et 2,70 m de dentelle en 1,5 cm de largeur

DIVERS
Du fil à coudre DMC assorti à la soie, à la dentelle et au gros-grain

Des feuilles artificielles en tissu

70 x 45 cm de carton fort

50 cm de corde souple ou de tube de plastique pour l'anse

RÉALISATION
1 Repassez la soie et la dentelle.

2 Reportez les patrons sur les tissus et sur le carton, et découpez-les.

3 Pour chacun des côtés du panier, placez deux des morceaux de soie l'un sur l'autre, endroit contre endroit. Épinglez-les, bâtissez-les, puis piquez le long des deux grands côtés et de la base. Crantez le long des arrondis. Ouvrez les coutures et repassez-les. Retournez sur l'endroit et glissez une forme de carton à l'intérieur. Fermez à points couchés.

4 Placez les deux carrés de soie l'un sur l'autre, endroit contre endroit. Épinglez-les, bâtissez-les, puis piquez trois côtés. Ouvrez les coutures et repassez-les. Retournez sur l'endroit et glissez le carton carré à l'intérieur. Fermez à points couchés.
Toujours à points couchés, assemblez les côtés entre eux, puis fixez-les sur la base.

5 Dans les chutes de soie, coupez dans le biais des bandes de 2,5 cm de largeur, et assemblez-les pour obtenir une longueur totale de 2 m.

6 Repliez les bords de la bande vers le centre, puis repassez-les. Enroulez le biais ainsi obtenu autour de la corde ou du tube de plastique, en serrant bien, et fixez-le par quelques points. Fixez l'anse au panier. Cousez les morceaux de dentelle à points couchés sur chacun des côtés. Cousez la dentelle étroite, à points couchés, le long des bords et des arêtes pour masquer les coutures.

La confection des feuilles
7 Rabattez les extrémités d'un bout de 6 cm de ruban de satin vert, pour qu'elles se chevauchent un peu. Faites un petit point au centre du ruban, avec du fil à coudre DMC assorti à la soie. N'arrêtez pas le fil, et gardez-le enfilé sur l'aiguille.

La confection des roses
8 Pliez en deux un bout de 7 cm de ruban d'organdi rose, dans le sens de la longueur. Commencez à l'enrouler en forme de cornet, et fixez-le par un petit point cousu avec le fil resté attaché aux feuilles. Tirez sur le fil pour que la rose se place bien au centre des feuilles. Continuez à enrouler le ruban sur lui-même, en le cousant au fur et à mesure, et en lui faisant faire des boucles ressemblant aux pétales d'une rose.

9 Enroulez 50 cm de gros-grain vert tout autour de l'anse, et fixez-le par

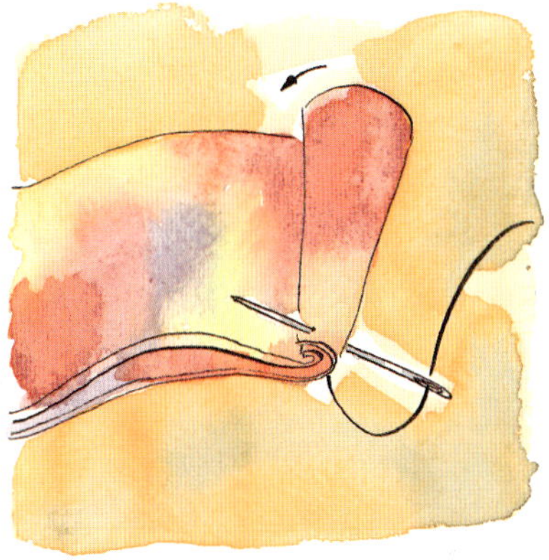

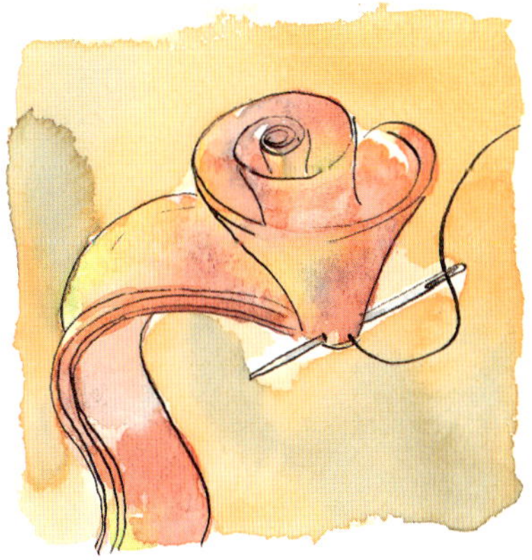

quelques points. Nouez le gros-grain restant en rosette autour de l'anse, à l'une des extrémités de celle-ci. Fixez les pans de la rosette par quelques petits points.

10 Cousez les roses tout autour du panier, et placez-en quelques-unes à la base de l'anse, sur le côté opposé à la rosette. Fixez les feuilles artificielles sur l'anse.

La bannette

Ce panier m'est depuis longtemps une source de délicieux tourments. Rempli d'œufs venant d'une ferme voisine, il trône sur le comptoir d'un magasin d'antiquités que je visite régulièrement. Les œufs sont à vendre. Le panier, malgré ma convoitise, ne l'est malheureusement pas. Je suis toutefois ravie d'avoir pu l'immortaliser dans ce livre.

Le délicieux toucher de la soie, et son bouquet de vert, de jaune citron et de vanille sont aussi rafraîchissants et séduisants que les premières fleurs du printemps. Les splendides coloris acidulés du treillage de rubans appliqués et la très simple broderie qui l'accompagne ont pu conserver tout leur éclat sur la composition placée au fond du panier. Mais, le ruban torsadé autour de l'anse et le dessus en soie capitonnée se sont fanés en nuances pastel.

Pour rester fidèle à ce mélange de tons vifs et fanés, vous trouverez des indications page 97, mais vous pouvez aussi choisir de ne travailler que dans une seule tonalité. Le patron pour le dessus de cette bannette est donné page 96, et les diagrammes du motif page 97.

Quand on applique des rubans en les cousant tout au long de leurs lisières, il est important de toujours faire des points dans la même direction, car cela évite des fronces disgracieuses.

À GAUCHE : Protégés de la lumière par le dessus capitonné, les rubans appliqués sur le fond du panier ont conservé tout l'éclat de leurs coloris d'origine.

CI-DESSUS : Détails du treillage de rubans appliqués.

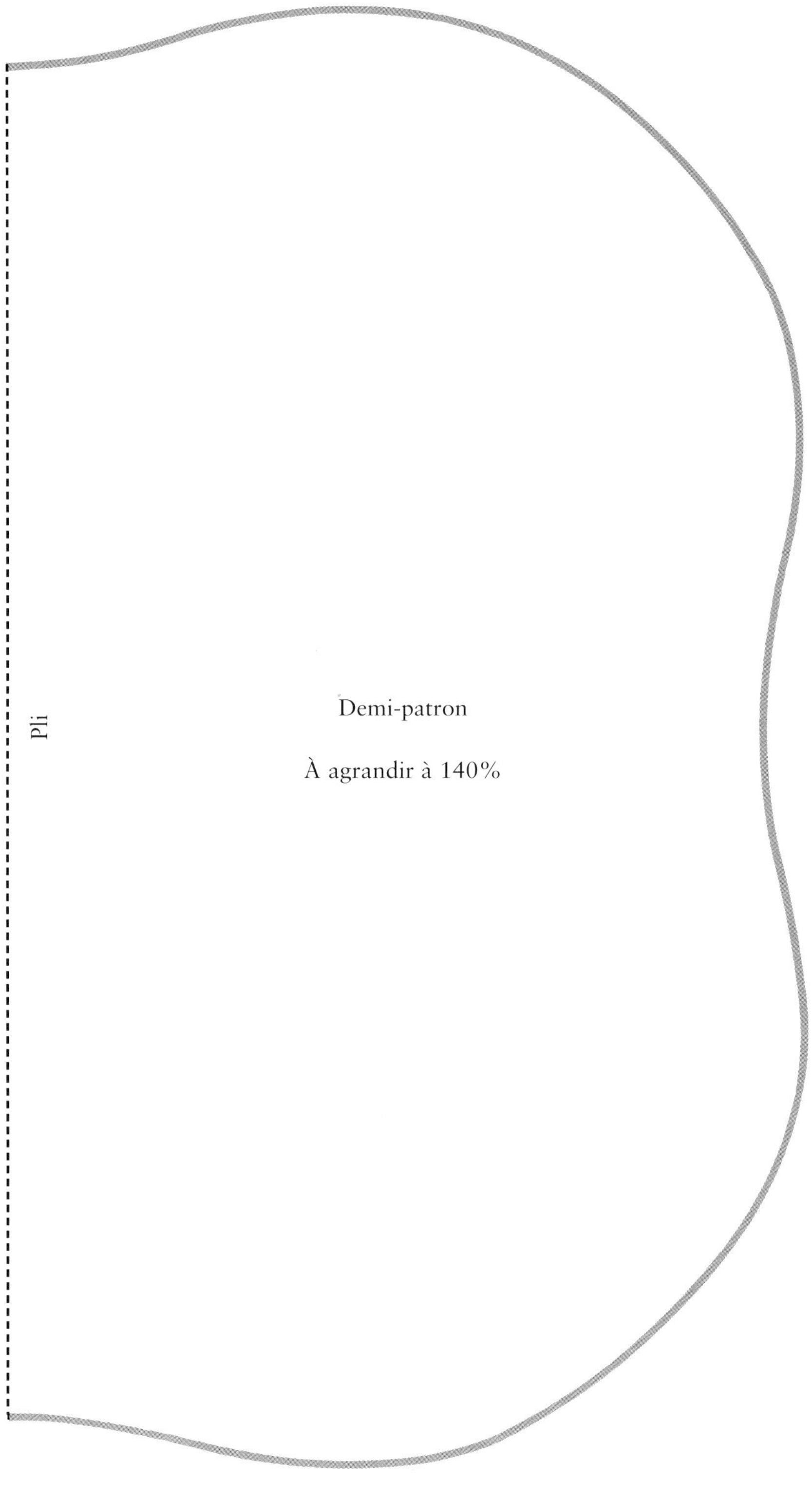

Niveau de difficulté Moyen

Dimensions de la bannette terminée
25 x 26 cm

Rubans
Des rubans en 5 mm de largeur :
1 m pour enrouler autour de l'anse

1 m pour masquer la couture de la doublure

1,20 m pour le treillage du fond

3,30 m pour le treillage du dessus

1 m de galon en 5 mm de largeur, avec une bordure frangée en 2,5 cm de hauteur, rose bonbon, vert vif et jaune pâle

Matériel
Une aiguille à coudre moyenne, et des aiguilles à broder

Tissus
26 x 27 cm de soie jaune pour le dessus

26 x 27 cm de soie ivoire pour l'envers du dessus

De la soie vert pâle : 90 x 14 cm environ pour doubler le panier, et une quantité suffisante pour pouvoir y couper un ovale de 11 x 11,5 cm et des bandes de biais pour border le fond

De la ouatine mince : un rectangle de 24 x 25 cm pour le dessus, et un ovale de 11 x 11,5 cm pour le fond

Divers
Du fil à broder Mouliné DMC 911 (vert vif) et du Coton Perlé DMC 891 (rose vif)

(Les références ci-dessus correspondent aux couleurs vives visibles sur le fond du panier, mais les coloris du dessus se sont fanées.
Si vous voulez recréer ces tons passés, utilisez du fil à broder Mouliné DMC 471 pour le vert et du Coton Perlé DMC 224 pour le rose.)

Du fil à coudre DMC assorti aux rubans des treillages

RÉALISATION

1 Repassez tous les tissus.

La doublure du panier

2 Coupez un rectangle de soie verte d'une longueur égale au périmètre du panier, plus 3 cm. Pliez-le en deux, endroit contre endroit. Épinglez ensemble les deux épaisseurs le long du petit côté, bâtissez-les, puis piquez à 1,5 cm du bord. Ouvrez la couture, puis repassez-la. Rabattez la soie sur l'envers, sur quelques millimètres, tout au long de l'un des côtés. Cousez-la à points couchés, autour de l'intérieur du panier, en haut de celui-ci. Passez un fil de fronce le long de l'autre côté, et ajustez la dimension de façon que la soie épouse l'intérieur du panier, en faisant des plis plats. Cousez un ruban autour de l'intérieur du panier, en haut de celui-ci. Travaillez à points couchés, en piquant dans les deux épaisseurs de soie.

Le fond

3 Placez l'ovale de soie verte sur celui de ouatine, l'endroit vers vous. Appliquez les rubans sur la soie, selon le diagramme ci-dessus. Les rubans ne doivent pas être entrelacés : cousez d'abord tous les rubans allant dans une même direction, puis placez les autres par-dessus.

4 Brodez des points lancés en vert et en rose, comme indiqué sur le diagramme ci-dessus.

5 Bâtissez une bande découpée dans le biais de la soie verte tout autour du fond, endroit contre endroit, en repliant la première extrémité sur elle-même. Piquez à la main ou à la machine. Rabattez le biais sur la ouatine, et donnez un léger coup de fer. Placez l'ensemble au fond du panier et cousez-le à la doublure.

Le dessus

6 Placez le rectangle de soie jaune sur la ouatine. Appliquez les rubans et brodez en procédant comme pour le fond.

7 Placez la soie brodée sur la soie ivoire, endroit contre endroit. Épinglez l'ensemble, bâtissez-le, puis piquez en laissant une petite ouverture. Égalisez les coutures et crantez les arrondis. Retournez sur l'endroit et fermez à points couchés.

8 Cousez le galon frangé tout autour, en repliant soigneusement les extrémités sur elles-mêmes.

9 Enroulez du ruban autour de l'anse et fixez-le à petits points.

Le panier à provisions

Ce panier à provisions a été acheté dans une merveilleuse boutique spécialisée de Norwich, en Angleterre. Il est dans ma famille depuis des générations, et il est déjà venu à bout de plusieurs couvercles de tissu faits maison.

Tressé de brins d'osier entiers, et non d'osier refendu comme les articles modernes moins coûteux mais plus fragiles, ce panier à provisions très solide est intemporel. Malheureusement, le magasin où il a été acheté n'assure plus sa fabrication. Cependant, on y vend encore des paniers anglais en osier plein, de bonne qualité, tous fidèles à la tradition. On en trouve facilement de semblables, neufs ou anciens.

Il est préférable d'investir dans la meilleure qualité possible. Un bon panier doit être doux au toucher, sans aspérités. L'osier est un matériau de vannerie idéal, qui n'a jamais été égalé à ce jour. Il est toujours largement employé, des nacelles de montgolfière, qui nécessitent de la souplesse pour les atterrissages, aux humbles paniers à provisions, qui requièrent les mêmes qualités de résistance, de légèreté et de souplesse.

La plupart des paniers disponibles aujourd'hui sont de cette teinte chamois foncé, tout à fait en harmonie avec la gaieté des rubans de vichy. Toutes les armatures métalliques ont été retirées des rubans, ce qui autorise le lavage du couvercle. Au centre de celui-ci, j'ai ménagé une fente élastiquée, dissimulée sous un volant, de façon à pouvoir glisser facilement les petits articles dans le panier. Le volant extérieur masque aussi un élastique qui permet de soulever indépendamment chaque partie du couvercle.

À DROITE : *Une fois ses armatures métalliques retirées, le large ruban de vichy apporte une touche gaie et rustique à un couvercle de toile blanche bien pratique. Le ruban de soie coordonné, noué autour de l'anse, parachève cet ensemble plein de vie.*

NIVEAU DE DIFFICULTÉ
Moyen

DIMENSIONS DU PANIER TERMINÉ
53 x 49 cm

RUBANS
Du ruban de coton vichy en 7 cm de largeur : 2,30 m pour le volant extérieur et 1 m pour le volant du milieu (Si vous achetez du ruban à lisières métallisées, retirez celles-ci avant de l'utiliser.)

(Note : Pour calculer le métrage nécessaire à un panier de taille différente, multipliez par deux le périmètre du panier pour le volant extérieur, et multipliez sa largeur par trois pour le volant du milieu.)

1 m de ruban de soie en 8 mm de largeur

50 cm de ruban sergé mat en 2,5 cm de largeur

MATÉRIEL
Une aiguille à coudre moyenne, et un passe-lacet

TISSUS
Deux morceaux de calicot prélavé, d'excellente qualité, de 25 x 42 cm, ou un métrage suffisant pour recouvrir le dessus du panier de deux rectangles égaux, plus 25% pour la gâche et les coutures

DIVERS
Du fil à coudre de coton DMC assorti au calicot et aux rubans

Un panier à provisions en osier

2 m d'élastique en 5 mm de largeur

TECHNIQUES EMPLOYÉES
- Volant froncé
- Nœud de rosette
- Point couché

RÉALISATION
1 Retournez deux fois sur lui-même l'un des grands côtés des deux morceaux de calicot, de façon à obtenir sur chacun d'eux une gaine de 1,5 cm de largeur. Faites une piqûre à la machine.

2 Passez un élastique dans chacune des gaines à l'aide d'un passe-lacet. Cousez solidement l'une des extrémités de chaque élastique. Placez les morceaux de calicot sur le panier, de part et d'autre du centre, les bords élastiqués vers l'intérieur. Tirez sur les élastiques jusqu'à obtenir une tension suffisante pour que le tissu tienne bien sur le panier.

3 Cousez solidement les élastiques tendus à l'extrémité de chaque gaine.

4 Laissez le tissu en place sur le panier. Avec des épingles, marquez le tissu tout autour du panier, à la hauteur où l'élastique devra être situé. Dans le modèle présenté, l'élastique se trouve juste au-dessous du bord du panier.

5 Tracez une ligne à 3 cm sous les épingles. Ôtez les deux morceaux de calicot du panier, et découpez-les selon cette ligne.

6 Repliez deux fois sur lui-même le bord précédemment coupé des morceaux de calicot, de façon à former autour de chacun une gaine de 1,5 cm de largeur. En cousant à la main, assemblez les deux rectangles de calicot en joignant leur gaine, mais laissez une petite ouverture pour pouvoir y passer l'élastique.

7 Pliez en deux le ruban destiné au volant extérieur, endroit contre endroit, et faites une couture le long du petit côté. Ouvrez la couture et repassez-la.

8 Passez un fil de fronce tout au long de l'un des côtés du volant extérieur. Ajustez le volant au périmètre du dessus du calicot, en répartissant les fronces très régulièrement.

9 Cousez à la main le volant extérieur sur le dessus du calicot, en plaçant le bord froncé juste sur la ligne de couture de la gaine.

10 Passez un fil de fronce tout au long de l'un des côtés du volant central. Ajustez le volant à la largeur du panier, en ajoutant 3 cm de chaque côté pour pouvoir ultérieurement faire un ourlet.

11 Cousez à la main le volant central, en le plaçant juste sur la ligne de couture de l'une des deux gaines. Faites un double ourlet à points couchés à chacune des extrémités du volant.

12 À l'aide du passe-lacet, passez un élastique dans la gaine, tout autour du calicot. Tirez sur l'élastique jusqu'à obtenir une tension suffisante pour que le tissu tienne bien sur le panier. Fixez solidement les extrémités de l'élastique.

13 Enroulez le ruban de soie autour de l'anse, et attachez-le soigneusement à chaque extrémité.

14 Confectionnez deux rosettes avec le ruban sergé, et fixez-les par quelques points de part et d'autre de l'anse, à l'endroit où le volant central rejoint le volant extérieur.

VARIANTE

Vous pouvez suivre les explications de cet ouvrage simple pour recouvrir n'importe quel panier de votre choix. Par exemple, pour confectionner un dessus de panier à linge : le linge, glissé dans la fente élastiquée, restera proprement dissimulé sous le calicot. Les paniers à ouvrage peuvent aussi bénéficier de cette idée pratique et décorative.

CI-DESSOUS : Ce panier à provisions, tressé en osier plein, a été rehaussé de ruban en vichy dont les lisières métallisées ont été retirées. Sur le dessus, une fente élastiquée très commode.

Les cintres

Les antiquaires utilisent souvent des cintres rembourrés pour ranger et exposer les costumes anciens. Non seulement ces cintres offrent une surface lisse bien adaptée aux vêtements fragiles, mais on peut aussi, joignant l'utile à l'agréable, les collectionner pour leur charme désuet.

Depuis les années trente, les gens ont fabriqué eux-mêmes des cintres pour suspendre et protéger leurs vêtements. On se servit d'abord de tissu imprimé, puis plus tard de satin uni comme les modèles présentés ici. Pour décorer le cintre d'origine et en masquer la couture quelque peu disgracieuse, j'ai ajouté un volant. Pour le confectionner, j'ai passé un fil de fronce au centre d'un ruban, sur toute sa longueur, et j'ai ajusté le volant ainsi obtenu à la taille du cintre. Je l'ai ensuite cousu sur ce dernier, à petits points, le long de la ligne de fronce. Ce volant empêche aussi les vêtements de glisser hors du cintre. Les crochets métalliques ont été recouverts de rubans aux nuances vieux rose ou lavande, terminés par une rosette.

En témoignage des années trente, c'est un authentique ruban de satin datant de cette époque qui a été utilisé pour confectionner le volant lavande. Il provient d'une recherche fructueuse menée au petit matin, au marché aux puces de Bath, en Angleterre. Les rubans que j'y ai trouvés étaient encore enroulés sur leurs bobines métalliques d'origine. Ils ont dû être exposés pendant des années dans la vitrine d'une mercerie car ils sont tous fanés à des degrés divers, mais cela donne une élégance surannée aux cintres.

La souplesse ravissante de la rosette en ruban de satin lavande démontre bien que les rubans modernes, aux couleurs et aux textures si subtiles, peuvent être associés avec bonheur aux rubans anciens.

À DROITE : Rubans anciens et actuels se combinent harmonieusement sur ces cintres qui feront de ravissants cadeaux.

Les sachets de lavande

Avec cette sélection de sachets de senteur coupés dans des napperons pour coiffeuse (appelés à l'origine « garnitures de psyché »), puis ornés de rubans, vous pourrez combler votre goût du linge blanc immaculé, avec des ouvrages d'une taille raisonnable. De fins rubans de soie ajoutent grâce et fragilité à la pureté du tissu, mais on peut leur préférer des rubans de satin plus éclatants. Ces sachets sont piqués à la machine de façon que les coutures résistent à leur remplissage, mais il est aussi possible de les coudre à la main, à petits points arrière.

Les rubans sont ensuite rapportés à la main, ce qui est une activité répétitive, très reposante, qui ne nécessite pas de matériel important. Lors d'un long déplacement en train, j'ai agréablement passé le temps en cousant des rubans, au grand étonnement de mes compagnons de voyage.

Les sachets sont remplis d'un mélange d'herbes et de fleurs des champs. Un mélange de lavande, de brins de romarin et de feuilles de menthe, séchés puis mélangés aux huiles essentielles correspondantes, embaume merveilleusement le linge et a la réputation d'être un bon antimites. Pour fixer la fragrance, ajoutez des racines d'iris réduites en poudre, et laissez reposer dans un récipient de verre ou de porcelaine pendant au moins deux semaines. Le petit sachet carré bordé de ruban rose pâle, rempli de pétales et d'huile essentielle de rose, a été offert pour la naissance d'une petite fille, afin de parfumer ses vêtements et de distraire la fatigue de sa mère. Le sachet ajouré, rempli de lavande, est orné de rubans bleus, comme les caracos en broderie anglaise de l'époque victorienne. Nostalgique et traditonnel, il ferait un cadeau parfait pour une jeune mariée, qui le conserverait comme le souvenir parfumé de ce grand jour.

À droite : De pâles rubans étroits dessinent des motifs délicats sur la dentelle et la broderie anglaise de ces sachets de lavande.

Le sachet pour un cadeau de naissance

NIVEAU DE DIFFICULTÉ
Débutant

DIMENSIONS DU SACHET TERMINÉ
5 x 5 cm

RUBANS
Du ruban de soie bleu ou rose, pâle et très étroit, d'une largeur adaptée aux jours du tissu et d'une longueur égale à celle du motif souhaité (Sur les sachets présentés ici, on a utilisé 40 cm de ruban en 3 mm de largeur, dont 20 cm pour la rosette.)

MATÉRIEL
Un passe-lacet

Une aiguille à coudre moyenne

TISSUS
Des chutes de coton ou de lin blanc présentant des jours pour pouvoir y tisser le ruban

DIVERS
Du fil à coudre de coton DMC blanc

Sachet rose : des pétales de rose séchés et de l'huile essentielle de rose

Sachet bleu : de la marjolaine séchée et de l'huile essentielle de romarin

TECHNIQUES EMPLOYÉES
- Point de boutonnière
- Tisser des rubans
- Nouer une rosette
- Festons

RÉALISATION
1 Repassez bien le tissu.

2 Placez deux carrés de tissu l'un sur l'autre, envers contre envers, en choisissant avec soin l'emplacement du motif ajouré. Assemblez-les en brodant à la machine des festons au passé plat. Laissez une petite ouverture pour pouvoir remplir le sachet. Vous pouvez aussi broder les festons à la main, au point de boutonnière (voir page 18), après les avoir dessinés au préalable sur le tissu.

3 Remplissez le sachet de fleurs séchées, puis fermez-le en terminant les festons.

4 À l'aide du passe-lacet, faites passer le ruban à travers les jours du tissu, puis nouez-en les extrémités en rosette.

5 Découpez soigneusement le tissu autour des festons.

À GAUCHE : Ces sachets de lavande ont été joliment ornés de rubans. De fins rubans de soie apportent délicatesse et fragilité, mais on peut leur préférer des rubans de satin plus éclatants.

Le sachet pour un cadeau de mariage

NIVEAU DE DIFFICULTÉ
Débutant

DIMENSIONS DU SACHET TERMINÉ
9 x 6 cm

RUBANS
Du ruban de soie étroit en deux tons de bleu pâle, d'une largeur adaptée aux jours du tissu, et d'une longueur égale à celle du motif souhaité
(Sur le sachet présenté ici, on a utilisé 50 cm de ruban bleu pâle en 4 mm de largeur, 50 cm de ruban bleu très pâle en 5 mm de largeur, et 60 cm de chacun des deux tons pour les boucles des nœuds.)

MATÉRIEL
Un passe-lacet,
et une aiguille à coudre moyenne

TISSUS
Des chutes de coton ou de lin blanc présentant des jours

Un peu de mousseline blanche

DIVERS
Du fil à coudre de coton DMC blanc

Du fil à coudre DMC assorti aux rubans

De la lavande séchée et de l'huile essentielle de lavande

TECHNIQUES EMPLOYÉES
- Point de boutonnière
- Point arrière
- Tisser des rubans
- Boucles de rubans
- Festons

RÉALISATION
1 Repassez bien le tissu.

2 Placez deux rectangles de mousseline sur l'envers d'un rectangle de tissu, puis recouvrez l'ensemble d'un second rectangle de tissu, l'endroit vers vous. Brodez des festons comme indiqué à l'étape 2 du sachet pour un cadeau de naissance, page 106.

3 Remplissez le sachet de lavande, puis fermez-le en terminant les festons.

4 À l'aide du passe-lacet, faites passer le ruban à travers les jours du tissu. Veillez à ce que les rubans restent à plat, et contrôlez soigneusement la formation des boucles.

5 Nouez les extrémités des rubans ensemble. Confectionnez plusieurs rosettes successives pour former des boucles, et disposez celles-ci avec goût. Fixez-les par quelques petits points cousus avec le fil à coudre DMC.

6 Soulignez certaines parties du motif avec des points arrière bien réguliers, brodés avec du fil à coudre DMC assorti aux rubans. (Les points ne doivent pas être plus longs que la largeur du ruban.) Veillez à ne piquer l'aiguille que dans la première épaisseur de tissu.

7 À l'aide du passe-lacet, tissez des boucles de ruban dans les points arrière. Coupez les boucles. Si cela est nécessaire, fixez les bouts de ruban coupés par quelques points cousus avec le fil à coudre DMC.

8 Découpez soigneusement le tissu autour des festons.

La garniture de coiffeuse

NIVEAU DE DIFFICULTÉ Débutant

DIMENSIONS DE LA GARNITURE TERMINÉE 19 x 19 cm

RUBANS
Du ruban de soie étroit gris très pâle, d'une largeur adaptée aux jours du tissu, et d'une longueur égale à celle du motif souhaité
(Sur le sachet présenté ici, on a utilisé 1,40 m de ruban en 3 mm de largeur, dont 50 cm pour la rosette.)

MATÉRIEL
Un passe-lacet,
et une aiguille à coudre moyenne

TISSUS
Deux napperons de coiffeuse avec des bords ajourés

DIVERS
Du fil à coudre de coton DMC blanc

De la lavande, du romarin et de la menthe séchés, et les huiles essentielles correspondantes

TECHNIQUES EMPLOYÉES
- Tisser des rubans
- Rosette

RÉALISATION
1 Repassez bien les napperons. Placez-les envers contre envers, et faites une piqûre décorative au centre, à la main ou à la machine, en forme de carré, en laissant une petite ouver-ture. Remplissez ce carré avec les fleurs séchées, puis fermez l'ouverture.

2 À l'aide du passe-lacet, tissez le ruban dans les jours, puis nouez-en les extrémités en rosette.

Les cœurs parfumés

Des rubans ou des galons frangés étaient souvent cousus au bas des jupes traînantes, à la mode à la fin du XIXe siècle et au début du XXe. Ces garnitures d'ourlet, nommées ironiquement « ramasse-poussière », balayaient légèrement le sol, sans que le vêtement lui-même ne soit abîmé.

L'usage plus frivole qui en est fait ici est l'œuvre d'une amie très créative, propriétaire à Londres d'une boutique remplie de trésors semblables à ceux-ci. Elle a superposé et assemblé deux épaisseurs de galon frangé, et orné l'ensemble de perles de rocaille, pour réaliser un superbe galon frangé des deux côtés.

Chacun de ces adorables cœurs de soie damassée et de coutil est, de plus, orné d'une jolie cocarde froncée, confectionnée dans le galon frangé, et couronnée d'une perle dorée de verre taillé.

Accrochés à la poignée d'une armoire, à une tête de lit ou au miroir d'une coiffeuse, ces sachets parachèveront à merveille un décor romantique. Pour les parfumer délicatement, vous pouvez ajouter à leur rembourrage quelques gouttes d'huile essentielle. Les huiles de rose, de lavande et de géranium sont particulièrement réputées pour leurs vertus relaxantes.

La rondeur généreuse de chacun des membres de ce trio provient de leur rembourrage soigné, qui évoque les capitonnages de l'époque victorienne. Aidez-vous d'un crayon pour bien remplir de bourre chaque cœur. Il est très important de bien bourrer la pointe, de façon que les cœurs conservent leur forme au fil des jours.

À droite : Replié puis cousu à points avant, un bout de galon frangé devient une extravagante garniture frangée des deux côtés. Une superbe cocarde, confectionnée dans le galon d'origine, dissimule les coutures d'assemblage.

Patron à taille réelle
À découper 3 fois dans la soie
et 3 fois dans le coutil

Niveau de difficulté
Débutant

Dimensions des cœurs terminés
Chaque cœur mesure environ 12 cm de diamètre

Rubans
2,20 m de ruban frangé rouge en 2 cm de largeur

Matériel
Une aiguille à coudre moyenne, et une aiguille fine pour les perles

Tissus
45 x 15 cm de coutil rayé rouge et écru

45 x 15 cm de soie damassée

Divers
Quatre-vingts petites perles de rocaille couleur étain

Six perles dorées de verre taillé

1,10 m de cordelière tressée rouge, noir et crème

De la bourre

Du fil à coudre DMC rouge

Techniques employées
- Point avant
- Point couché

Réalisation
1 Repassez bien les tissus.

2 Placez le coutil sur la soie damassée, endroit contre endroit. Reportez trois fois le gabarit du cœur de la page 110 sur l'envers du coutil. Coupez de façon à obtenir trois cœurs dans chaque étoffe.

3 Épinglez puis bâtissez chacun des cœurs de soie sur un cœur de coutil, endroit contre endroit. Piquez les deux épaisseurs ensemble, à 1,5 cm du bord, en laissant une petite ouverture sur l'un des côtés pour pouvoir retourner les cœurs.

4 Retournez les cœurs sur l'endroit. Bourrez-les fermement, puis fermez les ouvertures à points couchés.

5 En commençant au sommet, cousez la cordelière tressée sur le périmètre de chaque cœur, pour masquer la couture, à points couchés. Arrêtez soigneusement les extrémités de la cordelière par quelques points cousus avec le fil à coudre DMC.

6 Coupez des bouts de galon frangé : un de 32 cm de longueur, un autre de 52 cm de longueur, et un dernier de 72 cm de longueur.

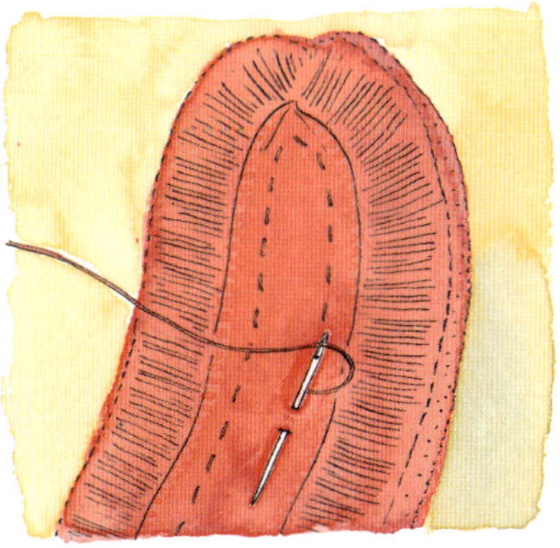

7 Imprimez un mouvement de torsion à chacun des galons, juste au milieu de leur longueur, les deux pans restant côte à côte. Placez le pan de gauche sur celui de droite, de façon que les franges soient autant visibles d'un côté que de l'autre (voir croquis ci-dessus). Ne pliez pas le haut du galon, mais dissimulez l'excédent en faisant un petit pli vertical, fixé par quelques points. Cousez ensemble les deux épaisseurs de galon, en faisant une couture le long de chaque bord, à points avant.

8 Cousez des perles de rocaille régulièrement espacées, au centre de chaque galon, sur toute la longueur.

9 Placez les trois galons les uns sur les autres, en commençant par le plus long et en terminant par le plus court. Assemblez-les en piquant ensemble les trois épaisseurs, à environ 5 cm des extrémités.

10 Repliez deux fois sur elle-même l'extrémité libre du galon le plus long, et cousez-la solidement au sommet de l'un des cœurs, sur la face recouverte de coutil. Procédez de la même manière pour fixer un cœur au bout des deux autres galons. Ajustez les longueurs de ceux-ci de façon que la pointe de chaque cœur soit située largement au-dessus du sommet du cœur précédent.

La confection des cocardes
11 Confectionnez quatre cocardes comme suit. Coupez un bout de galon frangé de 15 cm de longueur. Passez un fil de fronce le long du bord non frangé. Tirez le fil pour fermer le galon en cocarde.

12 Cousez une cocarde au sommet de chaque cœur, de façon à dissimuler les extrémités de la cordelette. Cousez une perle dorée de verre taillé au centre de chaque cocarde.

13 Cousez la cocarde de façon à masquer la couture assemblant les extrémités des trois galons. Cousez trois perles dorées en son centre.

Les pelotes à épingles

Ces adorables pelotes à épingles aux couleurs de dragées, datant de l'époque victorienne, m'ont été aimablement prêtées par une amie qui accepte pourtant difficilement de s'en séparer, car elles sont ses compagnes familières depuis des années. Leurs rubans et leurs dentelles sont si fragiles qu'elles en paraissent impalpables, comme dans un rêve.

Le motif de myosotis rappelle la passion pour la peinture sur soie, en vogue à l'époque victorienne, et pour les volants ou les rosettes dont on aimait alors à décorer vêtements et accessoires d'ameublement.

La plus grande des deux pelotes est très simplement brodée de quelques œillets. Ces fleurs sont l'un des thèmes favoris de la broderie de rubans qui est capable de rendre à merveille leurs bords dentelés et leurs formes ébouriffées. Des rubans bordés de picots étaient spécialement fabriqués à cet usage.

On confectionnait autrefois des pelotes à épingles aussi ravissantes que celles présentées ici, autant pour apporter une note précieuse à une coiffeuse, que pour un usage quotidien.

Il existe quelques controverses au sujet du rembourrage idéal des pelotes à épingles. La sciure de bois, la poudre d'émeri, la limaille, le son, la laine..., tout a été utilisé. Quant à moi, pour la réalisation de cet ouvrage, je vous recommande de la sciure de bois bien sèche ou de la laine naturelle. Des restes de laine à tricoter ou à tapisserie pourraient ainsi trouver leur utilité. J'ai remarqué que les bourrages synthétiques étaient difficiles à tasser, et ne permettaient pas d'obtenir une surface bien ferme sur laquelle les épingles peuvent rester piquées.

À GAUCHE : Ces rubans de soie et de satin, pâles et nuancés comme des aquarelles, brodés et noués de différentes manières sur ces pelotes à épingles, incarnent le charme sentimental propre aux ouvrages de l'époque victorienne.

La pelote à épingles peinte de myosotis

Niveau de difficulté
Moyen

Dimensions de la pelote terminée
Environ 13 x 13 cm

Rubans
3 m de ruban de soie
bleu pâle dégradé
en 13 mm de largeur,
pour border le bas du volant

1 m de ruban de soie bleu pâle
en 5 mm de largeur,
à coudre sur la pelote,
en haut du volant

50 cm de ruban de soie blanc
en 5 mm de largeur,
pour border le bas du volant
et confectionner les nœuds
de rosette

1,50 m de ruban de soie
jacquard blanc
en 7 cm de largeur environ,
pour confectionner le volant

Matériel
Une aiguille à coudre
moyenne

Un pinceau fin

Tissus
Deux carrés de coton blanc,
au tissage dense,
de 16 x 16 cm chacun,
pour l'intérieur de la pelote

Deux carrés de satin blanc,
de 16 x 16 cm chacun,
pour l'extérieur de la pelote

Divers
De la sciure de bois sèche ou de la laine naturelle pour le rembourrage

Du fil à coudre DMC blanc

Du fil à coudre DMC bleu pâle

De la peinture pour tissu
et des pinceaux fins

Techniques employées
- Colorer des rubans
- Fronces
- Confectionner une rosette

Réalisation
1 Repassez bien les tissus. Réduisez le motif de la page 115 à 90%, et reportez-le sur l'endroit de l'un des carrés de satin.

2 Placez les deux carrés de coton sur l'endroit de l'un des carrés de satin. Recouvrez l'ensemble avec le deuxième carré de satin, l'envers vers vous. Épinglez, bâtissez puis piquez les quatre côtés à la machine, avec du fil à coudre DMC blanc, en laissant une ouverture pour pouvoir retourner sur l'endroit et bourrer.

3 Retournez la housse ainsi obtenue sur l'endroit, et introduisez de la bourre (sciure de bois ou laine naturelle) entre les deux épaisseurs de coton, de façon à obtenir un rembourrage le plus ferme possible. Fermez l'ouverture à points couchés.

La confection du volant
4 Passez un fil de fronce au centre du ruban de soie bleu pâle dégradé en 13 mm de largeur, tout au long de sa longueur. Tirez sur le fil de fronce pour ajuster la longueur du volant ainsi obtenu à celle du ruban de soie jacquard blanc.

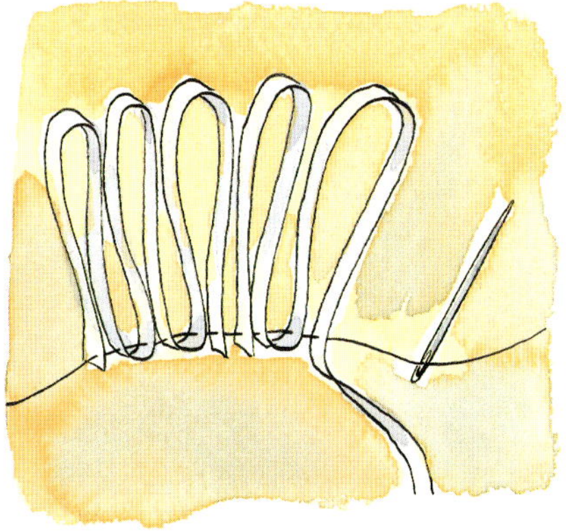

Cousez le volant le long de l'une des lisières du ruban de soie jacquard. Piquez ensemble les extrémités du ruban de soie jacquard à présent volanté de bleu, endroit contre endroit, pour le fermer en boucle. Ouvrez la couture et repassez-la.

5 Passez un fil de fronce à petits points avant sur l'autre bord du ruban de soie jacquard blanc.

6 Cousez le volant ainsi obtenu sur la pelote, à petits points, comme indiqué sur le croquis ci-dessous (les pointillés représentent la position de la pelote, sous le volant). Laissez un peu d'ampleur à chaque coin.

LÉGENDE

Fil ou ruban

Ruban de soie rose dégradé

Ruban de soie blanc

CI-DESSUS : *Motif pour la pelote brodée d'œillets. Réduisez-le à 90% avant de le reporter sur un carré de satin.*

À DROITE : *Motif pour la pelote peinte de myosotis. Réduisez-le à 90% avant de le reporter sur un carré de satin.*

7 Peignez les myosotis au centre de la pelote, en vous inspirant du motif et des coloris de la page 115. Fixez la peinture en suivant les indications données sur la notice du fabricant.

8 Quand la peinture est bien sèche et fixée, disposez le ruban de soie bleu pâle en 5 mm de largeur sur la pelote, de façon qu'il recouvre le bord du volant. Cousez-le à la pelote par quelques petits points à chaque coin, là où les nœuds de rosette seront attachés.

La confection des nœuds de rosette

9 Pour chaque nœud, pliez en accordéon un bout de ruban de soie bleu pâle (5 mm de largeur) de 15 cm de longueur. Les plis doivent être réguliers et mesurer environ 2,5 cm en hauteur. Piquez une aiguille garnie de fil à coudre DMC bleu pâle à travers les plis (voir croquis). Avec le même fil, piquez l'aiguille à travers les plis d'un ruban de soie blanc de 15 cm de longueur, lui aussi plié en accordéon. Procédez de la même manière pour enfiler un deuxième ruban bleu plié en accordéon, puis terminez avec un deuxième ruban blanc. Fixez l'ensemble par quelques petits points arrière, puis arrêtez le fil.

10 Cousez les nœuds de rosette sur la pelote.

La pelote à épingles brodée d'œillets

NIVEAU DE DIFFICULTÉ
Débutant

DIMENSIONS DE LA PELOTE TERMINÉE
Environ 27 x 27 cm
(y compris le volant)

RUBANS
Du ruban de soie rose dégradé en 13 mm de largeur, pour les œillets

Du ruban de soie blanc en 7 mm de largeur, pour les feuilles

Du ruban de soie double face, en 5 mm de largeur, pour les nœuds de rosette : 3 m en blanc et 3 m en rose très pâle

Environ 1,50 m de ruban de soie ou de satin rose très pâle en 7 cm de largeur, pour le volant

MATÉRIEL
Une aiguille à coudre moyenne pour coudre le fil DMC, et une aiguille à broder pour les rubans

TISSUS
Deux carrés de coton blanc, au tissage dense, de 16 x 16 cm chacun, pour l'intérieur du coussin

Deux carrés de satin blanc, de 16 x 16 cm chacun, pour l'extérieur du coussin

DIVERS
Environ 1,50 m de dentelle en 7 cm de largeur

Du fil à broder Mouliné DMC 966 (vert pâle) pour les tiges

Du fil à coudre DMC rose pâle

Du fil à coudre DMC blanc

De la sciure de bois sèche ou de la laine naturelle pour le rembourrage

TECHNIQUES EMPLOYÉES
- Point de tige
- Fronces
- Broder des rubans
- Fleurs en rubans
- Colorer des rubans

RÉALISATION

1 Repassez bien les tissus. Réduisez le motif de la page 115 à 90%, et reportez-le sur l'endroit de l'un des carrés de satin.

2 Brodez les tiges au point de tige, avec trois brins de Mouliné DMC 966 (vert pâle).

Les œillets

3 Pour chaque œillet, coupez 30,5 cm de ruban de soie rose dégradé en 13 mm de largeur. Pliez-le en deux, endroit contre endroit, et fermez-le en boucle en piquant les extrémités (voir croquis ci-dessous). Passez un fil de fronce tout au long de l'un des bords de cette boucle. Froncez pour former un cercle,

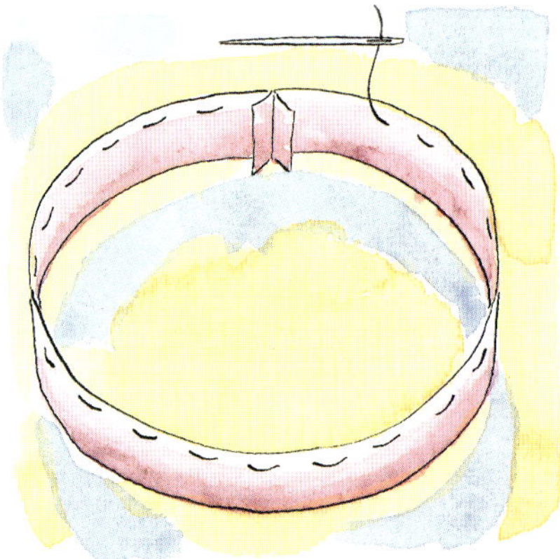

puis arrêtez le fil. Cousez les œillets sur le carré de satin, à tout petits points, avec du fil à coudre DMC. Placez des œillets de face, et d'autres de profil, en vous servant de la photographie de la page 112 comme modèle.

Les feuilles simples

4 Pour réaliser une feuille simple, enfilez du ruban de soie blanc sur une aiguille à broder, et amenez celle-ci sur l'endroit du carré de satin, à l'une des extrémités de la feuille. Enroulez le ruban une fois

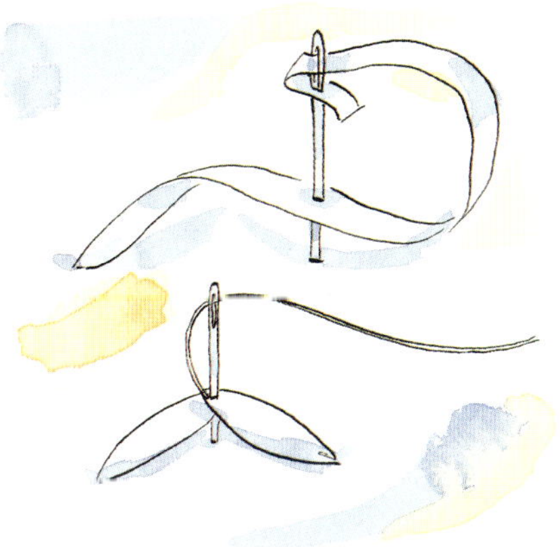

sur lui-même avant de piquer à l'autre extrémité de la feuille. Fixez le ruban en place par de tout petits points dissimulés dans la boucle.

5 Placez les deux carrés de coton sur l'endroit de l'un des carrés de satin. Recouvrez l'ensemble avec le deuxième carré de satin, l'envers vers vous. Épinglez, bâtissez puis piquez les quatre côtés à la machine, avec du fil de à coudre DMC blanc, en laissant une ouverture pour pouvoir retourner sur l'endroit et bourrer.

6 Retournez la housse ainsi obtenue sur l'endroit, et introduisez de la bourre (sciure de bois ou laine naturelle) entre les deux épaisseurs de coton, de façon à obtenir un rembourrage le plus ferme possible. Fermez l'ouverture à points couchés.

La confection du volant

7 Pliez le ruban rose (7 cm de largeur) en deux, endroit contre endroit, et fermez-le en boucle en piquant les extrémités. Ouvrez la couture et repassez-la. Passez un fil de fronce tout au long de l'un des côtés de cette boucle. Tirez sur le fil de fronce pour ajuster la longueur du volant ainsi obtenu au périmètre de la pelote. Cousez soigneusement le volant tout autour de la pelote, juste sur les coutures, en laissant une ampleur généreuse à chaque coin.

8 Pliez la bande de dentelle en deux, endroit contre endroit, et fermez-la en boucle en piquant les extrémités. Ouvrez la couture et repassez-la. Passez un fil de fronce tout au long de l'un des côtés de cette boucle. Tirez sur le fil de fronce pour ajuster la longueur du volant ainsi obtenu au périmètre de la pelote. Cousez soigneusement le volant de dentelle tout autour de la pelote, par-dessus le ruban volanté rose, de façon qu'il masque la couture. Comme pour le ruban rose, laissez une ampleur généreuse à chaque coin.

La confection des nœuds de rosette

9 Pour chaque nœud, pliez en accordéon un bout de ruban de soie rose pâle (5 mm de largeur) de 72 cm de longueur. Les plis doivent être réguliers et mesurer environ 3 cm en hauteur. Piquez une aiguille garnie de fil à coudre DMC rose pâle à travers les plis (voir croquis). Avec le même fil, piquez l'aiguille à travers les plis d'un ruban de soie blanc de 72 cm de longueur, lui aussi plié en accordéon. Fixez l'ensemble par quelques petits points arrière, puis arrêtez le fil.

10 Cousez les nœuds de rosette sur la pelote.

ADAPTEZ LES MOTIFS

Les dessins des myosotis et des œillets peuvent très bien être adaptés à des ouvrages plus grands, comme des housses de coussin, par exemple. Agrandissez le motif à la bonne échelle avant de le reporter sur le tissu. Choisissez des rubans de plus grandes largeurs.

Il est aussi possible de disséminer de minuscules motifs floraux sur un grand coussin : cela donne un effet romantique et délicat.

Afin de pouvoir retirer le coussin pour nettoyer la housse, ménagez une ouverture sur celle-ci, fermée par des rubans noués, des boutons-pression ou une fermeture à glissière.

Les embauchoirs

C'est un ravissant bout de tissu du XVIIIe siècle, déniché dans un magasin d'antiquités, qui m'a inspiré ces embauchoirs élégants et pratiques. Ils feraient un cadeau parfait pour une jeune mariée, et l'on pourrait peut-être alors les confectionner avec le tissu et les rubans ayant servi à coudre la robe de mariée.

Ces embauchoirs ont un toucher merveilleux. Les fins rubans de soie y font beaucoup d'effet, et de plusieurs manières : avec vivacité, pour former un adorable volant au bas des poignées, et avec douceur, pour s'enrouler autour des tiges. Ils sont presque trop jolis pour les cacher dans des chaussures ! Même si vous les créez dans l'intention de les offrir, vous aurez peut-être du mal à vous en séparer.

Les embauchoirs de mousse revêtus de ces housses somptueusement ornées sont peu coûteux et faciles à trouver. Ils offrent une riche base matelassée au tissu brodé. On peut aussi utiliser de vieux embauchoirs de bois, en les recouvrant d'abord d'une couche de ouatine.

Les rubans de soie ont juste l'élasticité qu'il faut pour suivre les mouvements de la tige. Ils existent en de superbes couleurs sobres et authentiques, appelées prosaïquement « couleurs ternes ». J'étais enchantée d'apprendre que l'on fabriquait encore de nos jours des rubans de soie, dans les exactes nuances fanées vert tilleul, framboise et rose foncé dont je rêvais pour cet ouvrage. Les tons naturels de ces rubans rappellent les teintures à base de lichen, de mousse et de racines utilisées autrefois, et s'harmonisent merveilleusement aux tissus d'époque. Ils donnent aussi un charme suranné aux tissus de style, comme l'imprimé en toile de Jouy utilisé pour les semelles de ces embauchoirs.

À droite : Trop jolis pour être cachés dans des chaussures, ces embauchoirs ornés de rubans de soie sont tellement décoratifs que l'on peut les exposer pour eux-mêmes.

Ces patrons sont prévus pour des embauchoirs de taille moyenne, pour femmes.
Agrandissez-les à 140%

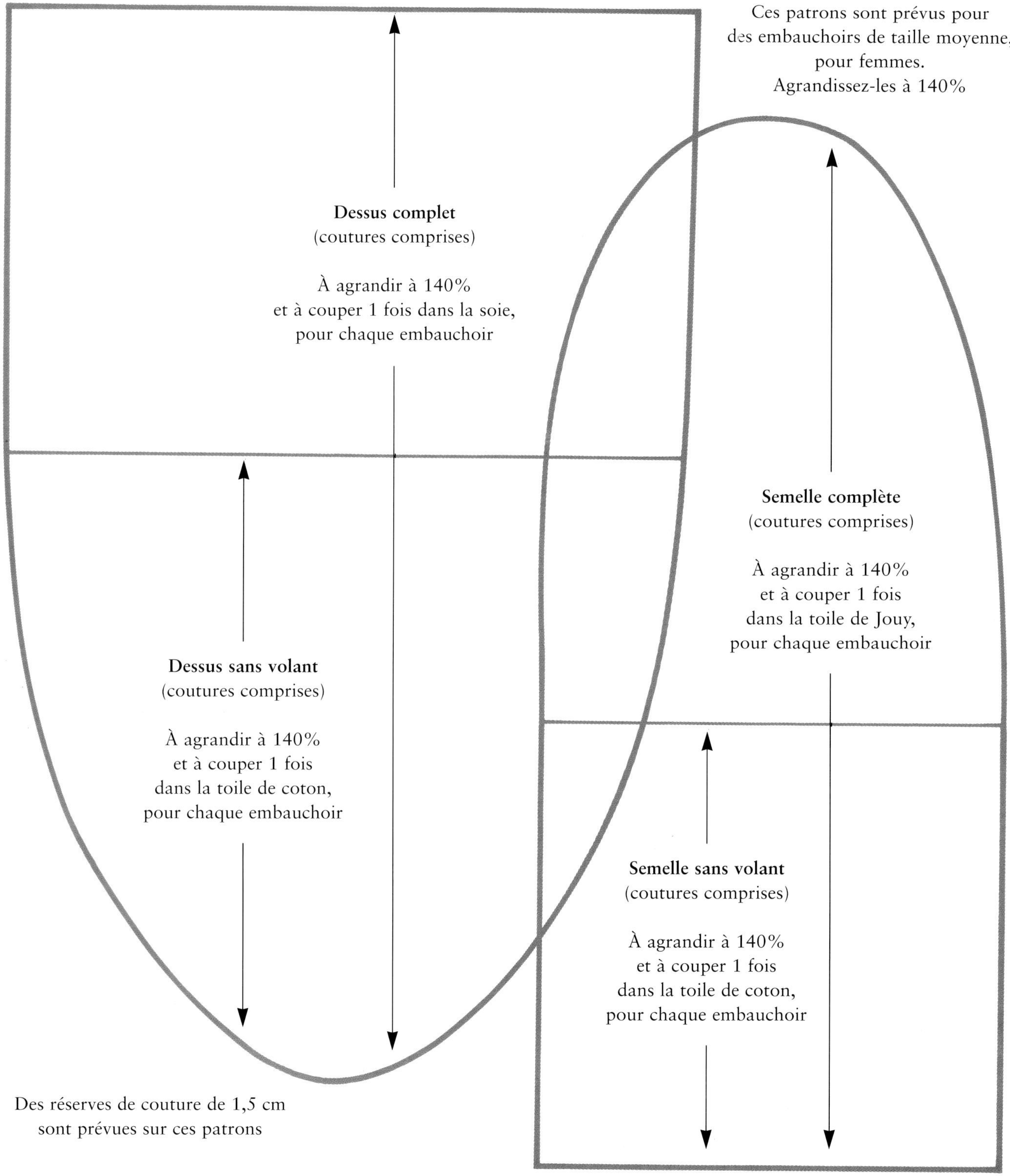

Des réserves de couture de 1,5 cm sont prévues sur ces patrons

Niveau de difficulté Débutant

Dimensions des embauchoirs terminés
Variables selon les embauchoirs (les dimensions et les quantités indiquées sont approximatives)

Rubans
3 m de ruban de soie bordeaux en 13 mm de largeur, pour les tiges

3 m de ruban de soie rose foncé en 7 mm de largeur, pour les volants

1 m de ruban de soie bordeaux en 4 mm de largeur, pour surjeter les points avant

1 m de ruban de soie vert tilleul en 2 mm de largeur, pour broder les points avant

1,50 m de ruban de soie vert tilleul en 4 mm de largeur, pour les rosettes

Matériel
Une aiguille à coudre moyenne pour le fil DMC, et une aiguille à broder pour les rubans

Tissus
45 x 30 cm de soie, pour le dessus des embauchoirs et les poignées

35 x 27 cm de coton imprimé en toile de Jouy, pour les semelles

60 x 20 cm de toile de coton, pour la doublure

Divers
Deux embauchoirs (dans les magasins de chaussures et les grands magasins)

Du fil à coudre DMC de couleur neutre, et un crayon ou un feutre évaporable

Réalisation
1 Repassez bien les tissus.

2 Placez une feuille de papier sous la semelle d'un embauchoir, et tracez le contour de celle-ci, de la pointe jusqu'à la tige. Placez une deuxième feuille sur l'embauchoir, et tracez le contour du dessus.

3 Pour chacun des deux contours relevés, fabriquez un patron comme suit, en vous inspirant de ceux de la page 120. Ajoutez 1,5 cm tout autour du tracé pour les coutures ; ajoutez 10 cm en haut pour le volant et son ourlet.

4 Reportez les patrons sur les tissus. Pour chaque embauchoir, découpez un dessus entier dans la soie, une semelle entière dans la toile de Jouy, et un dessus et une semelle dans la toile de coton, mais sans les 10 cm du volant.

5 Placez chacun des dessus de coton sur une semelle de coton, endroit contre endroit et bord à bord. Épinglez, puis bâtissez. Épinglez le milieu du dessus sur lui-même pour ne pas risquer de prendre l'ampleur dans la couture. Piquez à 1,5 cm du bord, en laissant le bord supérieur libre. Ouvrez la couture, repassez-la, et crantez-la. Retournez sur l'endroit. Enfilez ces housses sur les embauchoirs et ajustez-les bien. Épinglez-les, puis cousez-les solidement.

6 Avec le ruban de soie vert tilleul en 2 mm de largeur, brodez deux lignes de points avant sur chaque dessus de soie (croquis ci-dessous). Surjetez-les (voir page 19) avec le ruban de soie bordeaux en 4 mm de largeur. Veillez à ce que celui-ci se déploie bien sur la soie. Enroulez

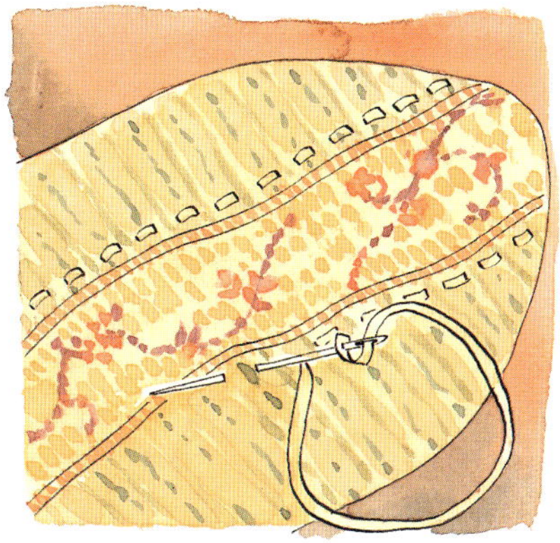

du ruban de soie bordeaux en 13 mm de largeur autour de chaque tige, et fixez-le à chaque extrémité par quelques tout petits points.

7 Dans la soie, découpez deux cercles d'un diamètre suffisant pour recouvrir les poignées. Passez un fil de fronce autour de chacun d'eux, et ajustez-les au diamètre de la tige. Cousez-les sur les poignées, en rentrant le bord froncé à l'intérieur.

8 Coupez en deux parties égales le ruban de soie bordeaux en 7 mm de largeur. Sur chacune d'elles, passez un fil de fronce tout au long de l'une des lisières. Cousez ces volants autour des poignées, à petits points.

9 Assemblez chaque semelle de toile de Jouy avec un dessus de soie brodé, en procédant comme pour la doublure (étape 5). Enfilez les housses ainsi obtenues sur les embauchoirs. Ourlez le bord du volant en le repliant deux fois sur lui-même, sur l'envers.

10 Cousez de façon à fermer les housses de tissu autour des tiges des embauchoirs. Nouez une rosette de ruban de soie vert tilleul en 4 mm de largeur autour de chaque tige.

Le carnet à aiguilles

Ce ravissant carnet à aiguilles a été confectionné à la fin du XVIIIe siècle. L'habileté à broder des rubans sur une petite surface y est particulièrement impressionnante. Les fins rubans de gaze de soie, enroulés en cornets, sont cousus par des points si petits qu'on les distingue à peine à l'œil nu.

Il est très difficile de trouver des rubans étroits de gaze de soie de nos jours, et les rubans d'organdi synthétiques ne permettent pas d'obtenir un résultat aussi délicat. J'ai donc tenté d'imiter la gaze avec des rubans de soie dont j'ai retiré soigneusement un fil sur deux. L'effet obtenu est très joli, mais au prix d'un grand travail de patience. Les rubans fabriqués de cette manière étant assez fragiles, il sera préférable de les renforcer en les apprêtant, selon l'une des méthodes suggérées page 16. Vous pouvez aussi confectionner ces cornets avec des rubans de soie normaux.

Pour réaliser ce carnet à aiguilles, on a aussi utilisé de la soie floche, du fil chenille et des rubans aux nuances dégradées. Les motifs floraux de la fin du XVIIIe siècle du genre de celui-ci étaient souvent exécutés en associant une multitude de textures, créant ainsi avec bonheur de très riches compositions, semblables à des mosaïques de fleurs.

La broderie de ce carnet a été faite avec de nombreux points : point couché, point de tige et point de nœud, pour n'en citer que quelques-uns, ce qui en fait un ouvrage idéal pour expérimenter vos connaissances. Vous trouverez page 125 le diagramme du motif floral, que vous devrez réduire à 33% avant de le reporter sur le tissu.

À GAUCHE : *Sur ce carnet à aiguilles, les miniscules points brodés dans des couleurs brillantes ont des éclats semblables à des joyaux. Toute l'habileté possible à broder des rubans sur une petite surface est ici déployée.*

Niveau de difficulté
Moyen

Dimensions du carnet terminé
15 x 11 cm (ouvert)

Rubans
Des bouts de ruban de soie en 2 mm de largeur, dans les tons rompus de chacun des coloris suivants : rose, bleu, blanc, vert, abricot, jaune, brun

Des bouts de ruban d'organdi (de soie, de préférence) en 5 mm de largeur dans les tons brun foncé et rose

14 cm de ruban de soie brun en 7 mm de largeur, pour la tranche du carnet

Matériel
Une aiguille à broder

Une aiguille à coudre fine

Une paire de ciseaux à cranter

Tissus
18 x 14 cm de soie floche fine brune

Trois morceaux de flanelle légère de 14 x 10 cm chacun (coupés avec les ciseaux à cranter)

17,5 cm x 13,5 cm de toile de coton

Divers
Un peu de fil à broder Mouliné DMC dans chacun des coloris suivants : vert (dans différentes nuances), brun, rose et jaune d'or

(Travaillez avec deux brins de Mouliné DMC.)

Un peu de fil à coudre DMC dans chacun des coloris suivants : vert, brun, bleu, jaune et rose pâle

Un peu de fil chenille dans chacun des coloris suivants : vert, brun foncé et jaune

Un crayon ou un feutre évaporable

Techniques employées
- Point lancé
- Point couché
- Point de tige
- Point de pistil
- Point de bouclette
- Point de nœud
- Coudre des rubans
- Fleurs en rubans
- Colorer des rubans
- Apprêter des rubans

Réalisation
1 Repassez bien les tissus.

2 Réduisez le dessin de la page 125 et reportez-le sur la soie, au centre de la moitié droite.

3 Brodez les tiges au point de tige, avec du fil à coudre DMC. Brodez les rubans. Brodez les fleurs enroulées en cornets (voir étape 8, page 93) avec le ruban d'organdi en 5 mm de largeur. Brodez le reste du motif avec le fil à coudre DMC, le fil chenille et le Mouliné DMC.

4 Rabattez 1,5 cm de tissu sur l'envers, tout autour de la soie, puis repassez ce pliage. Faites de même tout autour de la pièce de toile de coton.

5 Placez la toile de coton sur la soie, envers contre envers. Placez les trois rectangles de flanelle crantés par-dessus. Faites une piqûre à points arrière au centre, en prenant les cinq épaisseurs de tissu, de manière à constituer un carnet.

6 Pour la tranche du carnet, placez le ruban de soie brun en 7 mm de largeur au centre du dessus en soie brodée, et bâtissez-le. Cousez-le à points couchés, en rentrant ses extrémités entre la soie et la toile de coton. Cousez la toile de coton à la soie à points couchés, tout autour du carnet.

Légende
Fil ou ruban/point employé
- Ruban 2 mm/pt lancé
- Ruban 2 mm/pt de bouclette
- Ruban 5 mm/fleurs en cornets
- Ruban 5 mm/fleurs en cornets
- Fil chenille/pt lancé
- Fil chenille/pt lancé
- Fil chenille/pt lancé
- Ruban 2 mm/pt lancé
- Ruban/pt lancé ; fil/pt de tige
- Fil/pt de pistil ; pt de nœud
- Mouliné DMC/pt de nœud

Adresses

DMC

Les fournitures DMC sont disponibles dans les merceries, les boutiques Imagine, les grands magasins et les magasins Loisirs et Création :
87, Centre commercial Euralille, 59777 Lille, tél. 20 51 39 01 ;
Centre commercial La Part-Dieu, 17, rue du Docteur-Bouchut, 69003 Lyon, tél. 78 60 05 89.
Pour connaître le nom des distributeurs des produits DMC dans la région que l'on habite, écrire à :
DMC, Service consommateurs, 13, rue Pfastatt, 68057 Mulhouse, ou téléphoner au 89 32 45 28.

Magasins Imagine

15, rue des Belles-Feuilles, 75016 Paris, tél. (1) 45 53 02 61
126, rue de Courcelles, 75017 Paris, tél. (1) 46 22 22 46
87 ter, rue Didot, 75014 Paris, tél. (1) 40 44 98 77

MOKUBA

18, rue Montmartre, 75001 Paris, tél. (1) 40 13 81 41

Fils à broder DMC®

Tableau de recherche des couleurs

Ce tableau vous permet de trouver rapidement dans la carte des couleurs reproduite ci-contre à quel numéro correspond une couleur. Les numéros des couleurs sont sur fond grisé et classés en ordre croissant. Les numéros en regard, sur fond blanc, vous renvoient à l'une des 26 colonnes de la carte des couleurs. La couleur recherchée s'y trouve.

ECRU	22	211	6	400	19	563	11	727	17	813	8	910	11	971	18	3347	12	3773	20
BLANC	22	221	5	402	19	564	11	729	16	814	2	911	11	972	18	3348	12	3774	20
B5200	22	223	5	407	20	580	14	730	14	815	2	912	11	973	18	3350	3	3776	19
48	24	224	5	413	23	581	14	731	14	816	2	913	11	975	19	3354	3	3777	20
51	26	225	5	414	23	597	9	732	14	817	1	915	4	976	19	3362	13	3778	20
52	24	300	19	415	23	598	9	733	14	818	3	917	4	977	19	3363	13	3779	20
53	26	301	19	420	16	600	4	734	14	819	3	918	19	986	12	3364	13	3781	22
57	24	304	2	422	16	601	4	738	21	820	7	919	19	987	12	3371	21	3782	22
61	26	307	17	433	21	602	4	739	21	822	22	920	19	988	12	3607	4	3787	22
62	24	309	3	434	21	603	4	740	17	823	8	921	19	989	12	3608	4	3790	22
67	25	310	23	435	21	604	4	741	17	824	8	922	19	991	10	3609	4	3799	23
69	26	311	8	436	21	605	4	742	17	825	8	924	10	992	10	3685	3	3801	2
75	24	312	8	437	21	606	18	743	17	826	8	926	10	993	10	3687	3	3802	5
90	26	315	5	444	17	608	18	744	17	827	8	927	10	995	9	3688	3	3803	3
91	25	316	5	445	17	610	15	745	17	828	8	928	10	996	9	3689	3	3804	4
92	25	317	23	451	23	611	15	746	16	829	15	930	7	3011	15	3705	2	3805	4
93	25	318	23	452	23	612	15	747	9	830	15	931	7	3012	15	3706	2	3806	4
94	26	319	12	453	23	613	15	754	1	831	15	932	7	3013	15	3708	2	3807	7
95	24	320	12	469	13	632	20	758	20	832	15	934	13	3021	22	3712	1	3808	9
99	24	321	2	470	13	640	22	760	1	833	15	935	13	3022	22	3713	1	3809	9
101	25	322	8	471	13	642	22	761	1	834	15	936	13	3023	22	3716	2	3810	9
102	24	326	3	472	13	644	22	762	23	838	21	937	13	3024	22	3721	5	3811	9
103	25	327	6	498	2	645	23	772	12	839	21	938	21	3031	22	3722	5	3812	10
104	26	333	6	500	11	646	23	775	8	840	21	939	8	3032	22	3726	5	3813	11
105	26	334	8	501	11	647	23	776	3	841	21	943	10	3033	22	3727	5	3814	10
106	26	335	3	502	11	648	23	778	5	842	21	945	20	3041	5	3731	3	3815	10
107	24	336	8	503	11	666	2	780	16	844	23	946	18	3042	5	3733	3	3816	10
108	26	340	6	504	11	676	16	781	16	869	16	947	18	3045	16	3740	5	3817	10
111	26	341	6	517	9	677	16	782	16	890	12	948	1	3046	16	3743	5	3818	11
112	24	347	1	518	9	680	16	783	16	891	1	950	20	3047	16	3746	6	3819	14
113	25	349	1	519	9	699	14	791	7	892	1	951	20	3051	13	3747	6	3820	17
114	25	350	1	520	13	700	14	792	7	893	1	954	11	3052	13	3750	7	3821	17
115	24	351	1	522	13	701	14	793	7	894	1	955	11	3053	13	3752	7	3822	17
116	24	352	1	523	13	702	14	794	7	895	12	956	2	3064	20	3753	7	3823	17
121	25	353	1	524	13	703	14	796	7	898	21	957	2	3072	23	3755	8	3824	18
122	25	355	20	535	23	704	14	797	7	899	3	958	10	3078	17	3756	8	3825	18
123	25	356	20	543	21	712	21	798	7	900	18	959	10	3325	8	3760	9	3826	19
124	25	367	12	550	6	718	4	799	7	902	5	961	2	3326	3	3761	9	3827	19
125	25	368	12	552	6	720	18	800	7	904	14	962	2	3328	1	3765	9	3828	16
126	24	369	12	553	6	721	18	801	21	905	14	963	2	3340	18	3766	9	3829	16
208	6	370	15	554	6	722	18	806	9	906	14	964	10	3341	18	3768	10	3830	20
209	6	371	15	561	11	725	17	807	9	907	14	966	12	3345	12	3770	20		
210	6	372	15	562	11	726	17	809	7	909	11	970	18	3346	12	3772	20		

FILS À BRODER DMC

Mouliné Spécial *Art. 117* - **Coton Perlé** *Art. 115* nº 3 ● nº 5 ○ – **Coton Perlé** *Art. 16* ▲ nº 5 △ nº 8 ▽ nº 12

Group	Colour numbers
1	3713, 761, 760, 3712, 3328, 347, 948, 754, 353, 352, 351, 350, 349, 817, 894, 893, 892, 891
2	963, 3716, 962, 961, 957, 956, 3708, 3706, 3705, 3801, 666, 321, 304, 498, 816, 815, 814
3	819, 818, 776, 3326, 899, 335, 309, 326, 3354, 3733, 3731, 3350, 3689, 3688, 3687, 3803, 3685
4	3806, 3805, 3804, 605, 604, 603, 602, 601, 600, 3609, 3608, 3607, 718, 917, 915
5	225, 224, 223, 3722, 3721, 221, 778, 3727, 316, 3726, 315, 3802, 902, 3743, 3042, 3041, 3740
6	554, 553, 552, 550, 211, 210, 209, 208, 327, 3747, 341, 340, 3746, 333
7	794, 793, 3807, 792, 791, 800, 809, 799, 798, 797, 796, 820, 3753, 3752, 932, 931, 930, 3750
8	3756, 775, 3325, 3755, 334, 322, 312, 311, 336, 823, 939, 828, 827, 813, 826, 825, 824
9	3761, 519, 518, 3760, 517, 996, 995, 747, 3766, 807, 806, 3765, 3811, 598, 597, 3810, 3809, 3808
10	964, 959, 958, 3812, 943, 993, 992, 3814, 991, 928, 927, 926, 3768, 924, 3817, 3816, 3815
11	504, 3813, 503, 502, 501, 500, 564, 563, 562, 561, 955, 954, 913, 912, 911, 910, 909, 3818
12	966, 369, 368, 320, 367, 319, 890, 989, 988, 987, 986, 772, 3348, 3347, 3346, 3345, 895
13	524, 523, 522, 520, 3053, 3052, 3051, 3364, 3363, 3362, 472, 471, 470, 469, 937, 936, 935, 934
14	704, 703, 702, 701, 700, 699, 907, 906, 905, 904, 3819, 581, 580, 734, 733, 732, 731, 730
15	3013, 3012, 3011, 372, 371, 370, 834, 833, 832, 831, 830, 829, 613, 612, 611, 610
16	3047, 3046, 3045, 422, 3828, 420, 869, 783, 782, 781, 780, 746, 677, 676, 729, 680, 3829
17	3822, 3821, 3820, 445, 307, 444, 3078, 727, 726, 725, 3823, 745, 744, 743, 742, 741, 740
18	973, 972, 971, 970, 947, 946, 900, 608, 606, 3824, 3341, 3340, 3825, 722, 721, 720
19	922, 921, 920, 919, 918, 402, 3776, 301, 400, 300, 3827, 977, 976, 3826, 975
20	3770, 951, 945, 3774, 950, 3773, 3064, 407, 3772, 632, 3779, 758, 3778, 356, 3830, 355, 3777
21	712, 739, 738, 437, 436, 435, 434, 433, 801, 898, 938, 3371, 543, 842, 841, 840, 839, 838
22	B5200, BLANC, ECRU, 3024, 3023, 3022, 3787, 3021, 822, 644, 642, 640, 3790, 3033, 3782, 3032, 3781, 3031
23	453, 452, 451, 535, 3072, 648, 647, 646, 645, 844, 762, 415, 318, 414, 317, 413, 3799, 310
24	48, 116, 62, 112, 107, 57, 75, 115, 99, 95, 126, 52, 102
25	124, 93, 113, 121, 103, 67, 91, 123, 125, 101, 114, 122, 92
26	94, 104, 90, 108, 51, 106, 111, 61, 105, 69, 53

Remerciements

Merci à tous ceux qui, en me prêtant des ouvrages de leurs collections personnelles, ou en me fournissant de magnifiques rubans anciens et modernes, ont contribué avec enthousiasme à mes recherches historiques : Angel Hughes de «Tobias and the Angel», Annabel Lewis de «V. V. Rouleaux», Janet Bridge et Jen Jones de «Jen Jones Antiques», «Victoria's Antiques of Bath», Trish et Tony Longcraine, Stephen Lunn de «Lunn Antiques», Dawn Lockyer, «The Stuffed Dog Antiques» et «Joanna Proops Antiques».

Un grand merci aux personnes suivantes, qui m'ont été précieuses dans mes recherches concernant l'histoire et la technique de l'art du ruban : Graham Spedding de «The Dollshouse Draper», Anna Pearson, John Jones du Musée gallois de l'Industrie lainière, Steff Francis, Christine Stevens du Musée du Folklore gallois, Caroline Hamilton (organisatrice du Festival londonien de la maison de poupée), le Victoria and Albert Museum, et la Guilde des Brodeurs. Merci aussi à la famille Cutforth, qui a fait preuve d'une patience remarquable et de beaucoup de bonne humeur quand nous avons envahi leur maison pour prendre la plupart des photographies de cet ouvrage. Merci à Don Reeve, Michael Gray, et aux dames du «Merchant's House» de Marlborough, pour leur hospitalité pendant les prises de vue et les accessoires que la boutique nous a prêtés. Merci aux autres personnes qui ont bien voulu prêter des accessoires pour les photographies : «Brocante of Marlborough», «Judy Greenwood Antiques», «Cavendish House Antiques», «Marlborough Parade Antiques Centre», «Wedding Belles of Marlborough», «Cross Hayes Antiques», «Malmesbury», «Old Town Antiques», «Swindon» (Wiltshire).

Merci aux personnes suivantes qui m'ont fourni des rubans et des matières diverses : «Jersey Lavender», «The Dollshouse Draper», «The Natural Fabric Company», «Ribbon Designs».

Merci aux fournisseurs suivants : «Jen Jones Antiques», «Pontbrendu», «Llanybydder», «Dyfed» (Galles) ; «Judy Greenwood Antiques», 657 Fulham Road, Londres SW6 ; «Wedding Belles of Marlborough», 47 Kingsbury Street, Marlborough, Wiltshire ; «Cavendish House Antiques», 138 High Street, Marlborough, Wiltshire ; «Ribbon Designs», 42 Lake View, Edgware, Middlesex HA8 7RU ; «The Dollshouse Draper», PO Box 128 Lightcliffe, Halifax West Yorkshire HX3 8RN ; «V.V. Rouleaux», 10 Symons St, Londres SW3 2TJ ; «Tobias and the Angel», 68 White Hart Lane, Barnes, Londres SW13 OPZ ; «Cross Hayes Antiques», 19 Bristol Street, Malmesbury, Wiltshire ; «The Merchant's House», 132 High Street, Marlborough, Wiltshire, SN8 ; «Joanna Proops Antiques» ; «Victoria's Antiques», «The Gallery», «Bartlett Street Antiques Centre» (Bath, Avon) ; «Old Town Antiques», 17, Wood Street, Swindon, Wiltshire ; «Marlborough Parade Antiques Centre», «The Parade», Marlborough, Wiltshire ; «The Natural Fabric Company», Wessex Court, High Street, Hungerford, Berkshire ; «Jersey Lavender Ltd», Rue du Pont-Marquet, St. Brelade, Jersey, Channel Islands ; le Musée gallois de l'Industrie lainière, Dre-Fach Felindre, Landysul, Dyfed, Wales SA54 ; le Musée du Folklore gallois, St. Fagans, Cardiff, Wales CF5 6XB ; «Brocante», 6 London Road, Marlborough, Wiltshire ; «Trish and Tony Longcraine Antiques», 4 London Road, Marlborough, Wiltshire ; la Guilde des Brodeurs, Apartment 41, Hampton Court Palace, East Molesey, Surrey KT8 9AU ; le Victoria and Albert Museum, Cromwell Road, South Kensington, Londres SW7 2RL ; «Lunn Antiques Ltd», 86 New King's Road, Londres SW6 4LU ; Dawn Lockyer, Devon ; «The Stuffed Dog Antiques».

Un grand merci à Tim Imrie et à son assistante, Faye Pattinson, pour leurs belles photographies et leur grande patience.

Merci à Val Fullick, Martin Mansfield et Tony Hayes pour leur soutien moral, leurs encouragements et leurs conseils.

Enfin, je voudrais remercier mon époux, Andrew, pour sa participation, son attention et son aide en toute chose.

Wiltshire, janvier 1996.